단기연수와 배낭여행을 위한

튜터링 관광 생활 스페인어 회화

Tutoring Español

이상원 지음

www.shinasa.co.kr
음성파일 MP3 무료다운로드

신아사

PLAZA
MAYOR

머리말

스페인어는 국제화 시대인 오늘날 그 중요성이 점점 더 강조되고 있습니다. 스페인과 북미의 멕시코 그리고 중남미 20여개 국가에서 사용하고 있는 스페인어는 모국어 사용국가 수 세계 1위, 사용 인구수에 있어서는 중국어와 영어에 이어 세계 3위를 차지하고 있습니다. 스페인어는 미국에서 히스패닉이라는, 두 번째로 많은 소수인종을 대표하는 제 2외국어로서 영어와 함께 사용되고 있고 유엔을 비롯한 주요 국제 협의기구들이 국제공용어로 채택해 외교나 통상, 문화 등 다방면에 걸쳐 보편적으로 사용하고 있는 언어입니다. 최근 우리에게 원자재 공급 시장이자 새로운 수출 시장으로 떠오르고 있는 중남미 지역의 대부분의 국가가 사용하고 있는 언어 또한 스페인어입니다. 이처럼 세계화 시대의 대표적인 국제어로서 스페인어의 중요성은 아무리 강조해도 지나치지 않습니다. 스페인 또한 최근에는 유럽의 관광대국으로 부상하면서 새롭게 조명을 받고 있습니다.

자유여행과 어학 연수생들을 위한 <튜터링 관광 생활 스페인어 회화>는 국제화시대에 우리에게 반드시 필요한 스페인어를 좀 더 쉽고 폭넓게 익히기 위해 만들었습니다. 스페인이나 중남미로 자유여행을 가거나 해외연수를 떠나는 학생들에게 도움을 주기위해 만든 이 책은 현지에서 접하게 되는 일상적인 대화나 주제 또는 실생활에서 필요한 회화의 내용들을 중, 고급 위주로 구성했습니다. 이 책의 목표는 배낭여행이나 관광, 어학연수 등의 단기 거주기간 동안 일상생활에서 부딪치게 되는 활용도가 높은 실용적인 생활 스페인어를 쉽게 학습하는데 두었습니다. 특히 현지에서 개인교습을 받는 것처럼 의문점이 생길 때마다 바로 바로 해결할 수 있도록 모든 설명을 즉답 식으로 꾸몄습니다. 혼자서 공부할 수 있도록 단어와 문법 그리고 활용구문에 이르는 설명을 다른 곳에서 찾는 것이 아니라 모두 한 장소에서 공부할 수 있도록 'Apuntes'와 'Tutoring'이라는 집중식 설명을 통해 언어습득의 효율성과 학습효과를 높였습니다. 스페인이나 중남미로 여행을 하거나 단기어학여수를 떠나는 학생들이 최소 6개월에서 1년 동안은 적응에 불편함이 없도록 <튜터링 관광 생활 스페인어 회화>는 다음과 같이 구성하였습니다.

1) 실제 활용도가 높고 여행객이나 단기어학 연수생들이 가장 많이 필요로 하게 되는 주제들을 선별하여 활용도가 높은 표현위주로 단원을 구성했습니다.
2) 철저하게 현장회화 위주로 중, 고급 회화 수준에 맞추어 구성했습니다.
3) 단원순서는 실제 여러분들이 스페인이나 중남미로 여행을 떠나거나 어학연수를 하는 순서(사전준비- 출발- 도착 후 자리 잡기) 그대로 정했습니다.
   1, 2과; 인사말과 소개 그리고 학원이나 학교등록에 필요한 회화표현
   3, 4과; 날씨와 색깔표현에 관한 일상회화와 전화 표현 익히기
   5, 6과: 스페인으로의 출발준비, 공항 출국과 입국심사 등 공항시설 이용하기
   7, 8과: 도착 후 교통편 이용 및 길 묻기 표현 배우기
   9, 10과: 호텔 등 숙소 정하기와 쇼핑하기
4) 주제별 의사소통 표현의 중심이 되는 가장 중요한 회화의 내용들을 본문 앞의 Se dice así에 배치함으로써 앞으로 전개될 회화의 내용과 활용에 대한 이해를 돕고자 했습니다. 1과는 가장 기본적인 내용이기 때문에 필수회화 77선으로 Se dice así를 대신했습니다.
5) 스페인어 회화능력의 기초가 되는 단어와 표현문구 등을 Vocabulario activo와 Key Words로 나누어 따로 학습하게 하였습니다. 다양한 단어와 유사표현 문구의 활용은 원할한 의사소통 능력을 키우는데 도움이 될 것입니다.
6) 회화내용 이해에 바탕이 되는 문법사항은 Tutoring을 통해 즉답식으로 설명했으며 부분 설명은 Apuntes를 통해 그리고 유의해야 될 부분은 Key point를 통해 따로 설명했습니다.
7) 필요에 따라 눈으로 공부하는 '눈공시간'처럼 실제 사진을 통해 현장감을 살림으로써 여행을 하고 있거나 마치 현지에서 공부하고 있는 것 같은 느낌을 주었습니다.
8) Pasatiempo란에 스페인 여행일정의 예과 관광정보 그리고 사진 등을 소개함으로써 여행객들에게 실질적인 도움을 주고자 했습니다.

차례

단기 연수와 배낭여행을 위한

튜터링 관광 생활 스페인어 회화

이것 먼저 시작하기!!

위기 탈출... 필수 기본 회화 표현 77선

회화에 필요한 문장들을 구사하기에 앞서 알아야 할 가장 기본적인 표현들입니다. 사용 빈도수가 높은 단문 형식의 짧은 표현들만 선별했습니다. 상황별로 정리해 놓았으니 필요에 따라 사용하면 위기 탈출은 물론 경우에 따라 스페인어를 능숙하게 구사하는 사람처럼 보일 수도 있습니다. 스페인이나 중남미를 방문하기에 앞서 공부해야 할 필수 회화 표현들입니다. 상황에 따라 문장들의 쓰임새가 다르니 열심히 공부해 효과적으로 사용해 봅시다.

Los saludos y las despedidas
만난 때 와 헤어질 때 쓰는 인사말 표현

글쎄 그게 ?..?
만날 때 쓰는 표현도 서로 다르다?

예, 그렇습니다. 처음 보는 경우와 잘 모르는 경우 그리고 자주 보는 사이나 친한 사이인 경우에는 인사말 표현이 달라집니다.

1) Mucho gusto.	처음 뵙겠습니다.
2) Encantado(a)	만나서 반갑습니다.
3) Es un placer.	(만나서) 기쁩니다.
4) Igualmente.	(저도) 마찬가지입니다
El gusto es mío.	제가 반갑습니다.
5) ¡Qué gusto de verte!	보게 돼서 정말 기뻐!
¡Cuánto me alegro de verte!	보게 돼서 얼마나 기쁜지!

이제 서로 아는 사이에 쓰는 인사말을 공부해 봅시다. 제일 많이 쓰는 표현들입니다.

6) ¡Hola!	안녕, 안녕 하세요
7) ¡Hola! ¿Qué tal?	안녕, 잘 지냈어?
¿Qué más?	안녕, (뭐 별거 없었지?)
¿Qué hay?	안녕 (무슨 일 없어?)
¿Qué cuenta?	안녕, (뭐 해줄 이야기 없어?)
8) ¿Cómo está(s) Ud.(tú)?	안녕 하셨습니까?

9) Bien, gracias. ¿Y tú? — 잘 지냈습니다. 고맙습니다, 당신은요?
Regular / Más o menos / Así, así — 보통이야/ 그저 그래/ 그만 고만.
No muy bien — 그렇게 좋지는 않아.
10) Hola, tío, ¿qué tal? — 이봐, 친구, 그래 어때?
Tirando... — 그런대로.... 나쁘지는 않아.

인사말로 쓰이는 다른 표현들입니다.

11) Hola, ¿cómo le(te) va? — 안녕, 잘 지내니?
12) Hola, ¿cómo le ha ido? — 안녕, 어떻게 지내는데?

KEY WORDS

¿Qué cuenta?

Contar : 말하다, 이야기하다, 수를 세다, 계산을 하다.

Cuento	Contamos
Cuentas	Contáis
Cuenta	Cuentan

Contar 동사의 명사형도 (m) Cuento: 짧은 이야기, 콩트 (f) Cuenta: '계산서, 청구서' 라는 두 가지 의미로 쓰입니다. Contador는 회계사나 계량기란 말입니다. 식당에서 음식을 먹은 후에 계산서를 갖다달라는 표현이 바로 '¡La cuenta, por favor! : 계산서 부탁드립니다.'입니다.

¿Qué hay?

Hay: Haber 동사의 특수형 표현입니다. '- 있다, - 이다'란 의미로 영어의 There is (are)에 해당하며 단, 복수 동형으로 쓰입니다.

He	Hemos
Has	Habéis
Ha	Han

¿Hay habitaciones? 방 있습니까?
¿Hay pan fresco de hoy? 오늘 만든 신선한 빵 있나요?

¿Qué hay? '뭐 (특별한 것이) 있어?' 라는 인사말 표현입니다.

KEY POINT

처음 보거나 모르는 사람을 소개받았을 경우에 쓰는 표현이 Mucho gusto와 Encantado(a) 입니다. Mucho gusto는 'Mucho gusto en conocerle a Ud.'를 줄인 표현입니다. 처음 보는 사이에 쓰는 인사말이기 때문에 'Mucho gusto, 길동 홍' 또는 'Mucho gusto, soy 길동 홍'처럼 자신의 이름을 붙여 말하기도 합니다. Encantado는 'Estoy encantado de conocerle a Ud.'의 줄인 표현입니다. Mucho gusto와는 달리 Encantado는 'Estar + 과거분사' 구문의 줄임말 표현으로 형용사로서 보어의 역할을 하기 때문에 말하는 사람의 성에 따라 남성이면 Encantado 여성이면 Encantada라고 해야 합니다.

Es un placer의 과거형 표현인 Fue un placer를 쓰게 되면 '만나서 즐거웠습니다.'라는 헤어질 때 쓰는 인사말이 됩니다.

TUTORING

Estar + 과거분사(Participio Pasado)

상태나 완료를 나타내는 표현입니다. 이 때 과거분사는 주어의 보어 역할을 하는 형용사처럼 쓰이기 때문에 주어에 따라 성, 수 변화를 합니다.

↪ 과거분사란? ar 동사는 어미 -ar대신 ado, er / ir 동사는 어미 -er / -ir 대신 ido를 붙여 만듭니다. ※ 과거분사의 불규칙 형태는 따로 암기해야 합니다. (abrir-abierto / escribir -escrito / morir-muerto / poner-puesto / romper-roto / ver-visto...)

과거분사가 단독으로 쓰이면 형용사나 부사구의 역할을 하고 조동사와 함께 쓰이는 경우에는 다음처럼 세 가지 용법으로 사용됩니다.

Estar + 과거분사	상태나 완료
Haber + 과거분사	현재완료 (경험, 결과, 완료, 계속)
Ser + 과거 분사 + 전치사(por)	수동태

☞ Estar +과거분사 Vs Haber +과거분사

Estar + 과거분사 = 상태나 완료. 과거분사는 주어의 성, 수에 따라 어미가 변합니다. Haber + 과거분사 = 완료 과거 복합형(현재완료)으로 경험이나 결과, 완료나 계속의 의미를 표현합니다. 이 때 Haber와 같이 쓰이는 과거분사는 'Estar + 과거분사'와는 달리 성, 수의 변화가 없습니다.

Estoy muy cansado.	나는 많이 지쳤습니다.
→ Estamos muy cansados.	우리들은 많이 지쳤습니다.
Ella(s) está(n) muy cansada(s).	그녀는(그녀들은) 많이 지쳤습니다.
He comido demasiado.	나는 많이 먹었습니다.
→ Hemos comido demasiado.	우리들은 많이 먹었습니다.
Ella(s) ha(han) comido demasiado.	그녀는(그녀들은) 많이 먹었습니다.

☞ ¿Cómo está Ud.? Vs ¿Cómo va?

Estar는 현재의 몸 상태나 지금 상황에 대해 물어보는 경우에 사용하고 일의 진행 상황에 대해 좀 더 구체적으로 물어보는 경우에는 Ir와 Andar 동사를 사용합니다.

Hola, ¿cómo va? / ¿Cómo anda? 그래, 어떤데, 어떻게 지내니? 현재 상태나 일의 진행 상황을 어느정도 알고 있는 상태에서 좀 더 구체적으로 물어볼 때입니다.

APUNTES

Hola는 친구들이나 격식 없는 사이에서 제일 많이 쓰이는 표현입니다. 잘 모르는 경우에도 쓸 수 있을 만큼 편안한 표현이며 뒤에 ¿Qué tal? ¿Qué más? ¿Qué hay? ¿Qué cuenta?와 같은 표현을 붙여 같이 쓰기도 합니다. 경우에 따라 Hola!, ¿qué tal? ¿Qué más?처럼 인사말을 여러 번 겹쳐서 중복해서 쓰기도 합니다. 한번보고 또 다시 만났을 때는 de nuevo를 붙여서 '¿Qué hay de nuevo?: 뭐 새로운 것 없어?'라고 하면 됩니다. ¿Qué cuenta?는 ¿Qué me cuenta?를 줄인 표현으로 '내게 뭐 해줄 말 없어?'라는 뜻입니다. Hola, tío, ¿qué tal?은 '이봐 친구, 잘 지냈어?' 란 의미로 영어의 Hey man, what's up?에 해당하는 표현입니다. 아주 가까운 사이거나 허물없이 지내는 친구들끼리 쓰는 표현입니다. Tío란 표현은 영어의 Hey, man과 같은 표현으로 '삼촌'이 아닌 가까운 사이를 의미하는 호칭입니다. Tirando 라는 표현은 주로 젊은 친구들끼리만 쓰는 속어입니다. 스페인에서 많이 쓰이며 '그런 대로 나쁘지 않게 지낸다, 그럭저럭 유지는 한다, 버티고 있다'는 의미입니다.

젊은 친구들끼리 자주 사용하는 인사말 표현으로 중남미 쪽에는 ¿Qué hay?의 과거형 표현인 ¿Qué hubo?라는 표현을 씁니다. '안녕. 뭐 별일 없었어?'라는 의미로 친한 사이에 주로 쓰는 표현입니다. 빨리 발음하기 때문에 '께 우보?'가 아닌 '뀨보?'처럼 들립니다.

아는 사이에서도 쓸 수 있고 또 잘 모르는 사이라도 가장 무난하게 쓸 수 있는 표현이 ¿Cómo está usted? 입니다. 주로 상대방이 어른인 경우나 형식을 갖추어 물어보는 경우에 많이 사용합니다. 그냥 편하게 아침(점심/저녁)에 따라 가장 기본적인 인사말 표현인 Hola, buenos días (buenas tardes / buenas noches)만 쓰셔도 됩니다.

※ 일반적으로 3인칭 단순 서술형 표현보다는 복합형(완료형) 표현이 더 생동감 있는 표현입니다. 중남미에서는 2인칭인 Tú 대신에 3인칭 표현인 Usted을 많이 쓰고 스페인에서는 Tutear (2인칭을 쓰다/ '너'라고 하다)를 많이 사용하는 것처럼 중남미에서는 현재형 표현을 스페인에서는 복합형(완료형)표현을 더 많이 씁니다.

☻☺

Trátame de tú.	제게 말 놓으세요.
Tutéame.	편하게 대해 주세요(말 놓으세요).
Tuteamos.	서로 편하게 말 놓읍시다.

¿Qué hago? ¿Le trato de tú o de usted? 어떻게 할까요? 편하게 말을 놓을까요? (2인칭 표현인 '너-Tú'를 쓸까요?) 아니면 말을 올릴까요? (격식을 갖추어 3인칭 'Ud. -당신'-을 쓸까요?)

다음은 인사를 나눈 뒤에 기본적으로 물어보는 표현들입니다.

13) ¿Cómo te llamas? (¿Cómo se llama?) — (이름) 어떻게 부르죠?
¿Cómo es tu(su) nombre? — 이름이 어떻게 되죠?

14) Me llamo 길동 홍. — 홍길동이라고 합니다.
Mi nombre es 길동 홍. — 제 이름은 홍길동입니다.

15) ¿De dónde eres (tú)? / ¿De dónde es (Ud.)?	어느 나라 사람이죠?
16) ¿Eres de por aquí?	이곳(여기) 출신인가요?
17) Soy de Corea. / Soy coreano.	한국사람 입니다.
18) ¿Qué haces?	무얼 하시죠?(직업)
¿A qué te dedicas? / ¿A qué se didica Ud.?	하는 일이 어떻게 되죠?
19) Estoy aquí de vacaciones.	휴가차 여기에 왔습니다.
Soy estudiante.	저는 학생입니다.
20) ¿Dónde vive(s)?	어디에 삽니까?
↪ Vivo en ~. Me quedo en ~	~에 살고 있습니다, ~에 머물고 있습니다.
21) ¿Cuánto tiempo lleva(s) aquí?	여기에 얼마나 있었나요?
22) Llevo aquí tres semanas.	3주 됐습니다.
Hace tres semanas que llego aquí.	이곳에 도착 한지 3주 됐습니다.

KEY WORDS

llmar(se). quedar(se), llevar

llmar(se): 이름을 부르다. ~를 부르다.

(me) llamo	(nos) llamamos
(te) llamas	(os) llamáis
(se) llama	(se) llaman

타동사로도 쓰이지만 이름을 묻고 대답하는 표현은 항상 재귀동사의 형태로 쓰입니다.

llamar por teléfono: 전화를 하다.

Quedar(se)는 ~ 에 머물다'는 의미입니다.

(me) quedo	(nos) quedamos
(te) quedas	(os) quedáis
(se) queda	(se) quedan

Llevar 가지고 가다, ~를 데리고 가다 (↔ Traer: 가지고 오다)

'~을 가지고 가다'의 의미지만 뒤에 기간이나 시간에 관한 표현이 나오면 '시간을 보내다, 지내다'란 의미로 쓰입니다. 상점에서 물건을 고르는 경우에 llevar 동사를 쓰면 물건을 가지고 간다는 의미에서 사겠다는 표현이 됩니다.

↪ Bueno, lo llevo. 좋습니다, 그걸로 살게요.

KEY POINT

¿Qué haces?

직업을 물어보는 표현입니다. ¿A qué te dedicas?와 같은 표현이지만 dedicar(se) 동사가 '기여하다, 공헌하다'란 의미를 갖고 있으므로 격식이나 예의를 갖춘 표현이 됩니다. 좀 더 구체적으로 직업을 물어보는 경우에는 ¿De qué trabajas? 또는 ¿Cuál es tu ocupación(profesión)?과 같은 표현을 씁니다.

✔ Soy estudiante. '나는 학생입니다'처럼 직업이나 종교, 국적, 신분을 말하는 경우 Ser 동사의 보어로 쓰이는 경우에는 관사를 쓰지 않습니다.

→ Soy el estudiante. (X)

APUNTES

Tener que Vs Hay que Vs Deber + 동사 원형

Hay que	+동사원형	Impersonal	~ 해야 할 필요가 있다 (Necesitar). 무인칭 표현
Tener que	+동사원형	Personal	~ 을 해야 한다. (당연)
Deber	+동사원형	Consejo	~ 해야만 한다. '반듯이 해야 한다는' 강제나 조언

'~을 해야 한다'는 표현의 강도 세기는 Hay que(필요) < Tener que(당연) < Deber (강제, 의무)의 순서입니다.

※ Deber de는 '~ 을 해야 한다'는 의미가 아니라 '~ 임에 틀림이 없다, ~ 일 것이다'라는 가능성(Probabilidad)과 확신의 표현입니다.

↪ Debe de ser él. 그임에 틀림이 없다.

다음은 헤어질 때 쓰는 표현들입니다.

23) Adiós.	안녕(헤어질 때).
24) Hasta luego.	나중에 보자
Hasta mañana.	내일 보자
Hasta la próxima / Hasta pronto.	다음에 봐 / 곧 보자.
25) Fue un placer	만나서 반가웠습니다(기뻤습니다).
26) Ahora tengo que irme.	이제 가봐야만 합니다.
27) Te voy a llamar más tarde.	나중에 네게 전화할게.
Vuelvo a llmar más tarde.	나중에 다시 전화할게.

글쎄 그게 ?..?

승강기(Acensor)안에서 내릴 때 모르는 사람에게 가장 많이 쓰는 표현은 무엇일까요? 바로 Adiós입니다. 중남미에서는 지역에 따라 친한 친구들 사이에서는 Adiós(안녕) 대신 '빠이빠이'라는 표현인 Chao나 Chau를 쓰기도 합니다. 헤어질 때 자주 말하게 되는 '만나서 즐거웠다'는 표현은 Ser 동사의 부정 과거형 표현인 Fue를 쓰면 됩니다; Fue un placer. (만나서 즐거웠습니다).

Cortesía: gratitud y disculpas
감사나 사과, 실례와 같은 예절의 표현

28) Gracias.	고맙습니다.
Muchas gracias.	대단히 고맙습니다.
29) Gracias por ayudarme.	도와주셔서 고맙습니다.
Le(Te) agradezco mucho por ~	~대해 무척 감사하게 생각합니다.
30) De nada / No hay de qué.	천만에요.
31) Por favor	부디, 제발 (부탁드립니다)
32) Permiso / Con permiso.	실례합니다.

33) Perdón / Disculpe.	죄송합니다. 실례합니다.
34) ¿Puedo pasar? / ¿Se puede pasar?	지나갈 수 있을까요?
Pase, pase.	지나가십시오.
35) Lo siento (mucho).	미안합니다. (대단히) 죄송합니다.
36) Perdóneme. Discúlpeme.	용서해 주십시오.
37) Me equivoqué.	제가 실수(착각)했습니다.
Perdón, me equivoqué.	죄송합니다, 제가 착각 했습니다.
38) Fue sin querer.	고의가 아니었습니다.
39) Perdón por las molestías.	불편을 끼쳐드려 죄송합니다.

KEY POINT

다음 표현도 같이 알아두면 편리하게 사용할 수 있습니다.

Fue sin querer = Lo hice sin querer. 의도치 않게 그렇게 됐습니다(일부러 그런게 아닙니다).

¡Huy, perdón! Fue sin querer. 이런, 죄송합니다! 고의가 아니었습니다.

Permiso / Disculpe / Perdón은 '실례합니다, 죄송합니다'처럼 서로 같은 의미로 쓰이는 경우가 많지만 Permiso는 다른 사람의 앞을 지나가거나 통과할 때 그리고 Disculpe나 Perdón은 주의를 환기시키거나 '다른 사람의 주의를 불러일으킬 때(llamar la atención)' 쓰입니다. ¿Perdón? 은 상대방의 말을 못 알아들었을 경우에도 쓰입니다.

¿Perdón?	
¿Cómo? / ¿Cómo dice?	예? 뭐라고요? (못 알아들었습니다)
¿Qué? / ¿Qué dice?	

Para solicitar un pedido o pedir una ayuda
필요한 것을 요청하거나 도움이 필요한 경우

40) ¿Puedes ayudarme? ¿Me puedes ayudar?	좀 도와주실 수 있나요?
¿Le(Te) ayudo?	내가 도와줄까?

¿Puedo ayudarle?	제가 도와드릴까요?
41) Un momento, por favor.	잠깐만요.
42) Espere un momento, por favor.	(제발) 잠시만 기다려주세요.
43) ¡Por supuesto!	물론이죠.

동의와 공감, 긍정의 표현들입니다.

¡Por supuesto!	¡Sí, cómo no!	¡Desde luego!	¡Claro que sí!
물론 그렇지, 당연히 그렇지!			

❖ Consentimiento y Celebración: aceptar y rechazar
동의와 축하: 승낙이나 거부의 표현

43) Sí, con mucho gusto.	예, 기꺼이, 얼마든지 (승낙)
A la orden(A sus órdenes).	예, 알겠습니다.
44) Gracias por la invitación.	초대해 주셔서 고맙습니다.
45) ¿Qué(Cómo) te parece?	어떤 것 같아? 어떻게 생각하는데?
46) ¿Está(s) bien?	괜찮아? (권유)
47) Bueno, está bien.	좋아, 괜찮아 (동의)
48) ¿Vale? ¿De acuerdo?	괜찮아? 동의하니? (권유)
Vale. (De acuerdo).	좋아, 동의해 (승낙)
49) !Qué lástima!	정말 안됐네! 유감이네.
50) ¡Qué pena!	아, 이런! 맙소사! (안타까움) 안됐네, 불쌍하네, 가엽네!
51) !Felicidades!	축하합니다.
52) !Feliz cumpleaños!	생일 축하해!

KEY POINT

Con mucho gusto: '많이 기쁘게, 큰 즐거움을 가지고'라는 의미로 즐거운 마음으로 기꺼이 하겠다는 승낙의 의미입니다. Gusto; 기쁨, 즐거움.

A la orden: 당신의 명령(뜻)대로 하겠다는, 상대방의 제안이나 요구에 대한 승낙의 표현입니다. Orden은 여성명사(f)로 쓰이면 명령, 남성명사(m)로 쓰이면 '순서와 차례 또는 질서'라는 뜻입니다.

✔ Estar de acuerdo는 상대방의 제안이나 권유에 동의한다는 표현입니다.
보통 Estar 동사는 생략해서 씁니다.
¿(Está) De acuerdo? ↗ = ¿Vale? ↗ 어때? ~ 할래(동의하니)?

끝을 올려서 읽는 의문문인 경우에는 권유의 표현이고 끝을 내려서 읽는 평서문 표현은 De acuerdo ↘ = Vale ↘ '그렇게 하겠다'는 동의의 표현입니다.

¡Qué pena! 는 난처한 일이나 부끄러운 일, 창피한 일에 쓰는 감탄문 표현입니다.

Felicidad: 행복

!Felicidades!	축하합니다!
¡Felicitaciones!	
Enhorabuena.	

Felicidades와 Felicitaciones는 앞에 Qué를 붙여서 많이 사용하고 Enhorabuena는 스페인에서 많이 사용하는 표현입니다.
¡Qué felicidades! ¡Qué Felicitaciones! : 행복하시길! 정말 축하해!

Para expresar alivio, incredulidad, sorpresa y emoción
안도나 의심, 놀라움 등 감정의 표현

53) ¿Qué (le) pasa? 왜 그래? 무슨 일 이야?

54) ¡Qué bien! 정말 잘됐다!

55) ¡Menos mal! 다행이다.

56) ¿Está(s) bromeando? 지금 농담하는 거야?

57) ¡Qué ridículo! 어이가 없네! 웃기는 말이야.

58) ¡Increíble! 굉장해! 믿을 수가 없어.

59) ¡No digas! / ¡No me lo digas! 이럴 수가? 정말?

60) ¡Qué desastre! ¡Es un desastre! 아주 엉망이야! 재난이야!

61) No puede ser. 말도 안 돼, 이럴 수는 없다.

62) ¡Qué va! 아니야. 절대 안 돼.

63) No quiero ofenderte. 기분 나쁘게(화나게) 하려고 했던 건 아니야.

KEY POINT

Menos: Poco의 비교급 표현으로 '~ 보다 적게, 덜하게, 조금'이란 의미로 Menos mal은 '덜 나쁜 일이다, 차라리 잘됐다, 그나마 다행이다'란 표현입니다.

다음은 농담이나 거짓말에 관한 표현들입니다.

¿Está(s) bromeando?	지금 농담하는 거야?
¿Habla(s) en broma?	농담으로 말하는 거지?
¿Habla(s) en serio?	진심으로 말하는 거지?
¡No me diga(s) mentira!	내게 거짓말 하지 마!
¿Me está(s) mintiendo?	내게 거짓말하고 있는 거지?

→ Broma 농담, 장난, 조롱 Bromear 농담하다. Mentira 거짓말 Mentir 거짓말 하다.

- ¡Increíble! '놀랍다, 굉장하다!'는 말로 '믿을 수 없을 정도로 대단하다'는 'No lo puedo creer.'와 같은 표현입니다.
- ¡No me lo diga(s)! / ¡No digas! '네게 그런 말을 하지 마'란 뜻으로 '뭐라고, 정말로?'라는 놀라움의 표현입니다. ¡Qué sorpresa!와 같은 표현입니다.
- ¡Qué desastre! '엄청난 재난'이란 의미로 '완전 엉망이다'란 말입니다. Desastre: 재해,

재난

- !Qué va! : 말도 안 돼! 절대 안 돼! '절대로 ~ 않다'는 강한 부정의 표현입니다. 다음은 같은 의미로 쓰이는 '강한부정'의 표현입니다.

Qué va	Qué no	En absoluto	Absolutamentc no

Ofender: 화나게 하다, 성나게 하다.

※※ 놀랐거나 화가 난 경우, 난처한 경우에는 ¡Caramba! ¡Caray! : '이런 제길! 빌어먹을!'과 같은 표현을 씁니다.

Dificultad del lenguaje: entender y conversar
의사소통의 문제: 이해하고 대화하기

64) ¿Cómo? / ¿Qué? / ¿Perdón?	예? 뭐라고요?
65) Hablo un poco de español.	스페인어를 조금 말합니다.
66) Entiendo / Entendido. (No, entiendo)	이해 (못)했어.
67) ¿Me entiende?	내가 말하는 거 이해해?
68) Más despacio, por favor.	더 천천히 말해 주실래요?
69) ¿Puede repetirlo, por favor?	그걸 다시 말해 줄 수 있나요?
70) ¿Qué pone aquí?	여기에 무엇을 적어야 합니까?
71) ¿Puede escribirlo, por favor?	좀 적어주시겠습니까?
72) ¿Está bien así?	이렇게 하면 되나요?
73) ¿Cómo se dice esto en español'?	이것을 스페인어로 어떻게 말합니까?
74) ¿Qué significa eso?	그게 의미하는 것이 무엇입니까?
75) ¿Cómo se pronuncia esta palabra?	이 단어는 어떻게 발음합니까?
76) ¿Qué quiere decir?	말하고 싶은 것이 무엇입니까?
77) ¿De qué está hablando?	지금 무슨 이야기를 하고 있는 겁니까?

0

Hola, ¿qué tal?

프라도 박물관

소피아 왕비 국립예술센터 미술관

Episodio 1

Es un placer . . .

Federico:	Papá, te presento a María Luisa. María, mi papá.
Sr. García:	Es un placer, María.
María:	Mucho gusto, señor García.
Federico:	Mamá, ella es María Luisa.
Sra. García:	Mucho gusto, María.
María:	El gusto es mío.

En la calle . . .

Pablo:	¡María, chica! ¿Qué tal?
María:	Muy bien, gracias. Pablo, te presento a Federico García. Es mi vecino.
Pablo:	Federico, es un placer.
Federico:	Igualmente, Pablo.

Las presentaciones . . .

Teresa:	¡Buenas tardes, tía Emilia!
Emilia:	¡Hola! ¡Adelante!
Teresa:	Tía, quiero presentarte a mi novio, Ricardo. Ricardo, ésta es mi tía Emilia Velasco.
Ricardo:	Mucho gusto en conocerla, señora.
Emilia:	El gusto es mío, Ricardo.
Teresa:	Y ya conoces a mi primo José Miguel.
Miguel:	¿Qué tal?
Ricardo:	¡Hola!

❖ ¡Buenos días! ... ¡Hasta luego!

Sr. y Sra. García:	Buenos días, Jaime.
Jaime:	¡Oh! Buenos días, señor García. Buenos días, señora. ¿Cómo están ustedes?
Sra. García:	Muy bien, gracias. ¿Y tú?
Jaime:	Estoy muy bien, gracias. Quisiera presentarles a mi amigo Pedro.
Sr. y Sra. García:	Mucho gusto, Pedro.
Pedro:	Encantado, señora. Mucho gusto, señor.
Sr. García:	¿Van a tomar un café?
Jaime:	No, acabamos de tomar unos refrescos.
Sr. García:	¡Ah! Pues, hasta luego. Saludos a tus padres.
Jaime:	Gracias.
Jaime y Pedro:	Adiós.
Sr. y Sra. García:	Adiós.

❖ VOCABULARIO ACTIVO

Placer	기쁨, 즐거움
Presentar	소개하다
Gusto	기쁨, 즐거움 / 취미, 기호
Vecino	이웃
Conocer	알다
Encantar	좋아하다. 즐겁게 하다. 매혹시키다
Tomar	잡다. 받아들이다 / 음식, 음료) 먹다. 마시다.
Acabar (de)	끝내다. 끝마치다.
Refresco	신선한 / m) 청량음료
Saludar	인사하다. 안부를 전하다. m) Saludo 인사, 복수형으로 쓰이면 안부

KEY WORDS

- Tomar 동사는 쓰임새가 무척 다양합니다.

1) ~을 쥐다, 잡다, 붙잡다, 움켜잡다.(Asir, Agarrar)

 Tomar la mano 손을 잡다

2) ~을 먹다, 식사를 하다, 차(커피) / 음료를 마시다

 Tomar el desayuno / almuerzo. 아침 /점심 식사를 하다.

 Tomar té(café) / refresco. 차(커피)를 마시다 / 청량음료를 마시다.

 ↪ 맥주(Cerveza)나 술(Licor)을 마시는 경우에는 Beber를 씁니다.

3) 택시나 버스, 비행기 등의 교통수단을 타다.

 Tomar un taxi, autobús, el avión. 택시, 버스, 비행기를 타다.

 ※ '~을 타다'처럼 교통수단을 이용하는 경우에는 Tomar나 Coger를 씁니다. Coger는 선택의 의미를 강조한다고 보면 됩니다. 택시나 버스를 선택해서(골라서 잡는) 타는 경우에는 Coger를 그냥 탄다는 의미이면 Tomar를 씁니다.

 ※ 멕시코에서는 차량을 탈 때 Coger 동사를 쓰지 않습니다.

4) ~을 차지하다(Ocupar), 점령하다(Conquistar)

 Tomar una ciudad 도시를 차지하다

5) 사진을 찍다

 ¿Me puede tomar(sacar) una foto? 사진 좀 찍어줄래?

 ↪ Foto는 Fotografía의 줄임말이기 때문에 여성명사입니다

6) 햇볕을 쬐다, 선탠을 하다. Tomar el sol

7) ~ 을 받아들이다. Tomar en cuenta

- Acabar: ~을 마치다, 끝내다, 끝마치다. 다음 동사들은 자주 쓰이는 동의어입니다.

Terminar	끝내다, 마치다
Finalizar	끝내다, 결말 짖다
Completar	완성하다, 마치다
Concluir	마치다, 결론을 짖다
Cumplir	임무 등을 완수하다, 끝마치다

Acabar de	+ 동사 원형	~ 을 막 끝마치다, 막 ~ 을 하다.
Estar a punto de	+ 동사 원형	~ 을 하려고 하다. 막 ~ 하려는 순간이다.

↪ Acabamos de llegar. 우리들은 막 도착했습니다.

Ellas acaban de salir. 그녀들은 지금 막 나갔습니다.

Estaba a punto de salir. 막 나가려는 순간이었습니다.

En este momento no está. A ver, un momento... Sí, acaba de llegar, ahora se pone.
지금 없는데요. 그게(볼게요), 잠깐 만이요... 아, 예 막 도착했습니다. 지금 바꿔 드리겠습니다. (전화통화 중에서)

KEY POINT

Refresco는 시원한 청량음료를 가리키는 말로 일반적으로 탄산가스가 든 음료를 말합니다. 중남미 쪽에서는 Gaseosa라는 표현을 많이 씁니다. 그냥 마실 것, 음료의 의미로는 Beber(마시다) 동사의 과거분사 형태인 Bebida를 씁니다. 주스는 Jugo 또는 Zumo라고 합니다. 과일을 직접 갈아만든 천연주스를 원하는 경우에는 Jugo natural이라고 하면 됩니다. 물을 주문하거나 사서 먹는 경우 탄산수와 혼동하는 경우가 있으니 탄산가스를 싫어하시는 분은 Sin gas라고 붙여 주어야 합니다.

↪ Una botella de agua pero sin gas, por favor. 가스가 없는 생수 하나 부탁드립니다.
생수는 보통 병에 들어있기 때문에 Agua de botella 또는 Agua mineral이라고 합니다.

APUNTES

- Encantar는 Gustar 동사처럼 역구조 동사로 쓰입니다.
- 다음은 대표적인 역구조 동사들입니다.

Agradar	마음에 들다, 좋아하다
Encantar	즐겁게 하다, 좋아하다
Gustar	좋아하다
Fascinar	매혹시키다, 반하게 하다, 빠져들다
Entusiasmar	열광하다, 광분 하게 하다
Importar	중요하다

Interesar	관심을 갖다
Parecer	~ 처럼 보이다, ~ 인 것 같다
Molestar	괴롭히다, 귀찮게 하다
Resultar	~ 의 결과로 되다, 결과적으로 ~ 하다
Doler	아프다, 아프게 하다

Saludar는 '인사말을 하다'는 의미인데 안부를 전할 때도 씁니다. 안부를 전달하는 경우에는 Saludar와 Recordar의 명사형 표현인 Saludos(인사, 안부)와 Recuerdos(기억, 추억)를 이용합니다.

✔ 인사말을 전하는 표현

Saludos a + ~ 사람: ~에게 안부를 전하다.

누구로부터라고 구체적으로 밝힐 때는 de를 씁니다.

Saludos a tu hemano de mi parte.	네 동생에게 내 안부 좀 전해줘.
(Dale) Recuerdos de mi parte.	(그에게) 내 안부 좀 전해줘.

제 3자의 안부를 대신 전해주는 경우는 de parte de 표현이나 Dar동사를 씁니다.

Saludos(Recuerdos) de parte de Juan.	후한이 안부 좀 전해 달래.
Juan me ha dado recuerdos para Ud.	후안이 당신에게 안부를 전해달라고 했습니다.

¡Salud!

술 좋아하는 여러분들이 많이 쓰는 표현이죠? 건배입니다. 또는 상대방이 재채기를 했을 때 쓰는 표현이기도 합니다. '건강 조심해라!' 라는 뜻이겠죠. 스페인에서는 기침이나 재채기를 할 경우 ¡Salud! 대신에 ¡Jesús!란 표현을 즐겨합니다. 우리식으로 말하자면 '잡귀야 물러가라' 정도일 텐데 기침 좀 크게 했는데 '신이시여!'을 외치다니 동서양을 막론하고 역시 감기는 만병의 근원인가 봅니다.

※※ Hasta luego: 다음에 볼 때까지, 나중에, 다음에 봐요. Hasta '~까지'라는 전치사이며 luego는 '이후에, 나중에, 다음에'라는 부사입니다.
Hasta를 사용해 헤어질 때 하는 인사말 표현들을 알아봅시다.

Hasta	luego	나중에 보자
	pronto	곧, 다시 보자
	la vista	다음에 보자
	mañana	내일 보자
	el día 15	15일에 보자
	el sábado	토요일에 보자
	esta noche(tarde)	오늘 저녁(오후)에 보자
	ahora (mismo)	지금 (당장) 보자
	¡Ya nos vemos!	(금방) 다시 보자!

TUTORING

역구조 동사란?

문장구조가 반대인, 역구조 형태를 취하는 동사를 말합니다. 목적어인 간접 목적격 대명사를 주어처럼 사용하여 목적어 + 동사 + 주어의 형태를 취하는 동사를 역구조 동사라고 합니다. 일반적인 문장의 구조는 주어 + 동사 + 목적어(S+V+O) 입니다. 주어(주격 인칭 대명사)의 형태에 따라 동사가 변화하며 행위의 대상이 되는 것이 목적어입니다. 하지만 역구조 동사는 정반대의 구조를 가졌습니다. 동사의 변화형을 결정하는 주어와 목적어의 순서가 서로 반대로 되어있는 목적어 + 동사 + 주어의 형태를 갖고 있습니다. 역구조 형태는 간접 목적격 대명사가 주어처럼 사용되며 동사의 변화형은 주어가 아닌 목적어에 따라 결정됩니다. 이때 간접목적격 대명사는 의미상의 주어 역할만 합니다. 행위의 주체가 누구인지를 밝혀주는 역할, 해석할 때의 주어 역할만할 뿐 실제 동사의 변화에는 아무런 영향을 주지 못하는 것입니다. 동사변화형에 영향을 끼치는 실질적인 주어의 역할을 하는 것이 바로 목적어입니다. 이렇게 보통 문장구조의 형식과 반대가 되는 '거꾸로 문장'의 형태를 이끄는 동사들을 역구조 동사라고 합니다. 역구조 동사 뒤에 다른 동사가 오는 경우는 부정사(동사 원형)를 사용합니다. 경우에 따라 강조의 의미로 중복형 표현을 쓰기도 합니다.

목적어(의미상의 주어)		+ 역구조 동사들			+ 주어
간접 목적격 대명사		Agradar	Encantar	Gustar	대상이 되는 목적어지만 동사 변화형을 결정하는 실질적인 주어
Me	Nos	Fascinar	Entusiasmar	Parecer	
Te	Os	Importar	Interesar	Molestar	
Le	Les	Resultar	Doler...		

❀ 동사 변화형에 유의하여 역구조 동사들의 쓰임새들을 살펴봅시다.

- Agradar 마음에 들디, 좋이히다

↪ No me agrada eso. 나는 그게 마음에 들지 않아.
Te(Le) agradan los mariscos? 해산물이 마음에 들어?

- Gustar 좋아하다

↪ Me gusta la comida rápida. 나는 패스트푸드가 좋아.
No me gustan las cervezas. 나는 맥주를 좋아하지 않아.
¿Te gustar cantar? (너는) 노래하는 것 좋아하니?
¿A tí, te gustan los deportes? 너 운동을 좋아하니? (강조의 중복형 표현)

- Encantar 즐거워하다. 마음을 사로잡다.

Entusiasmar 열광, 감격시키다. 흥분 하게 하다

↪ ¿A tí no te encanta? 즐겁지 않아?
¿Encantarme? ¡Me entusiasma! 즐겁냐고? 열광 할 정도야.
Me encantan los vinos chilenos. 나는 칠레산 포도주가 좋아.

- Fascinar 매혹시키다, 반하다, 홀리게 하다

↪ Me fascina su mirada. 나는 그의 시선에 반했어.
Me fascinan estas películas. 나는 이 영화들에 흠뻑 빠졌어.

- Apetecer 탐나게 하다, 욕심(식욕, 욕구)을 내다.

↪ ¿No te apetece tomar algo? 뭐 좀 마시고 싶지 않아?

- Importar 중요하다.

↪ No me importa. 중요하지 않아
¿Te importa abrir la ventana? 창문 좀 열어도 괜찮겠습니까?

- Interesar 관심을 두다, 관심을 갖다

↪ ¿A tí, qué te interesa? 너는 무엇에 관심이 있는데?
No me interesa nada. 아무것도 관심 없어.

- Parecer ~ 처럼 보이다, ~ 인 것 같다 ※ Parecerse ~ 닮다, 비슷하다

↪ ¿Qué te parece? 너는 어떻게 생각하는데?
Me parece muy bien. 아주 좋은 것 같아.
↪ A quién te pareces? 너는 누구를 닮았는데?
Me parezco a mi padre. 나는 아버지를 닮았습니다.

- Molestar 괴롭히다, 귀찮게 하다

↪ ¿Te molesta hacer dos cosas a la vez? 한 번에 두 가지를 하는 것이 불편하니?

- Resultar 결과적으로 ~ 하다, 결과로 나오다

↪ Me resulta fácil usar este programa. (결과적으로) 이 프로그램은 이용하기 쉬웠어.

- Dar 주다

↪ ¿Te da miedo? 겁나니?
Sí, me da mucho miedo. 응, 겁이 많이 나.

- Doler 아프다, 아프게 하다.

↪ Me duele mucho la cabeza. 머리가 많이 아파.

☞ ' ~가 아프다'는 표현은 Tener dolor de ~와 Doler를 써서 표현합니다.
Tengo mucho dolor de cabeza. 머리가 많이 아파.
※ 신체의 일부에 해당하는 경우 소유격 표현을 쓰지 않는 것에 유의
Me duele mucho mi cabeza (X)

마요르 광장(Plaza Mayor), 마드리드

Episodio 2

El día de la matrícula

○ ¿Es usted el profesor Cristo Rafael Figueroa?
■ No, no soy yo. Es aquel hombre.

• Un momento, por favor. ¿Gloria?
■ No, yo soy Rebeca.
▸ Gloria soy yo.

■ ¿De dónde eres?
○ Soy coreano, de Seúl.
▸ Yo soy de España, de Madrid.
■ ¿Y cómo te llamas?
▸ Isabel, ¿y tú?
○ Daniel. Daniel Lee.

KEY WORDS

Matricular: (학교, 학원) 등록하다, 가입하다 (m) matrícula 등록, 입학수속, 가입

☻ El día de matrícula: 등록일

Subscribir / Subscripción	신청 · 입회하다. 가입하다
Inscribir / Inscripción	가입 · 등록하다. 새기다 · 조각하다
Ingresar / Ingreso	입학 · 입원 · 가입하다. 군입대하다

KEY POINT

Ser de 출신, 국적, 소유, 재료(성분)

¿De dónde es Ud? 어느 나라 사람이죠? Soy de Corea 한국인입니다.
국적(출신)을 묻고 대답하는 경우의 Ser de 용법입니다. '~ 어디에서 왔다, ~ 출신이다'라는 표현에는 Venir de 표현을 쓰기도 합니다.

→ Vengo del campo 시골 출신입니다.
Vengo de la ciudad Dae Jeon. 대전 출신입니다.

PASATIEMPO
떠나자 스페인으로!

14박 15일 여행 계획 짜기

1. 어디로 갈 것인가?

남부? 북부? 아니면 주요 관광지만?

스페인 여행은 수도인 마드리드(Madrid)를 기점으로 북부나 남부여행으로 나누어 집니다. 경우에 따라서는 'Camino de Santiago'처럼 성지 순례길 여행코스를 비롯해 피카소(Picasso)와 달리(Dalí) 등 유명 작가의 미술관이나 박물관, 또는 안토니오 가우디(Antonio Gaudi) 건축물과 같은 특정 테마 위주로 여행을 할 수도 있습니다. 하지만 일반적으로 마드리드를 포함하는 남부지방 여행을 많이 하는 편입니다. 대부분의 관광 명소들이 중남부 지역에 몰려 있기 때문입니다. 안달루시아(Andalucía)를 비롯한 중남부 지역은 태양과 정렬의 나라라는 스페인답게 무척이나 덥고 무엇보다도 전 세계인의 관심을 끌어들이는 이슬람 문명의 발자취가 많이 남아 있는 곳입니다. 스페인이 같은 유럽 안에서도 관광 대국으로 손꼽히는 이유는 이슬람 문명의 영향을 가장 많이 받은 가톨릭 국가이기 때문입니다. 유럽에서 유일하게 기독교 문명과 이슬람 문명이 서로 공존했던 곳으로 천혜의 자연환경을 비롯해 고풍스러운 중세의 모습과 세계적인 문화유산들이 해마다 많은 사람들을 스페인으로 끌어 들이고 있습니다. 로마와 이슬람 문명의 영향을 많이 받은 스페인은 곳곳에 그 흔적들이 남아 있습니다. 스페인은 역사적으로 AD 700~1500에 걸쳐 약 800년 동안 이슬람 문명의 지배를 받았습니다. 스페인 중북부 지역은 계절에 따라 다르지만 습하고 차가운 산악 지형 기후의 영향을 많이 받습니다. 겨울철을 제외하고 기후가 많이 나쁜 것은 아닙니다. 하지만 피레네 산맥을 경계로 이어지는 북부의 거친 산악지형과 차갑고 습한 기후는 아랍인들의 북부 진출을 가로막은 가장 큰 이유였습니다. 그렇기 때문에 아랍인들을 중부 지역 위로는 더 이상 진출하지 않고 그들이 좋아했던 기후와 가장 비슷한 남부 꼬르도바(Córdoba)를 중심으로 자리를 잡았습니다. 스페인 대부분의 관광 유역지가 중남부 지방에 많은 이유이기도 합니다. 특히 프랑스의 베르사이유 궁전 못지않다는 그라나다(Granada)의 붉은 성, '알함브라 궁전(El palacio de Alhambra)'은 스페인의 주요 관광지 중에서 첫손으로 꼽히는 곳입니다. 다른 한편으로 마드리드와 견줄 수 있는 바르셀로나(Barcelona)와의 접근성이 남부 지역이 용이하기 때문입니다. 스페인 제2의 도시이자 제1의 항구도시인 바르셀로나는 현대 건축사에 큰 영향을 끼친 천재 건축가 안토니오 가우디의 작품들이 살아 숨 쉬는 곳입니다. 성가족 성당(Sagrada Familia)과 구엘공원(El parque Güell)등 그가 만든 건축물들은 해마다 수많은 관광객들을 이끌어 들이고 있습니다. 그렇기 때문에 스페인 중남부 지역 관광일정은 배낭여행이 됐건 관광투어 상품이 됐건 주로 중부 마드리드 지역에서 출발하여 남부 관광 포인트 도시들을 거쳐 바르셀로나로 또는 그 반대인 바르셀로나에서부터 마드리드로 여행일정을 계획하는 경우가 많습니다.

스페인 여행 일정:

스페인 마드리드(Madrid)로 입국, 세고비아(Segovia), 똘레도(Toledo), 아랑후에스(Aranjuez), 꼬르도바(Córdoba), 세비야(Sevilla), 론다(Ronda), 그라나다(Granada) 그리고 바르셀로나(Barcelona) 구경 후 바르셀로나에서 출국 예정. 여유가 있을 경우는 바닷가 휴양도시인 말라가(Málaga)를 포함시킬 수도 있습니다.

2. 여행의 시작: 비행기 표에 올인하기

여행 일정이 정해지면 가장 빨리 해야 할 것이 비행기 티켓 구입입니다. 정확이 말한다면 구입이 아니라 예약입니다. 언제 예약하느냐 또 언제 티켓을 구입 하느냐에 따라 가격 차이가 많이 나기 때문에 구체적인 여행 일정이 정해지지 않아도 시기만 정해지면 제일 먼저 행동으로 옮겨야 할 것이 바로 비행기 예약입니다. 여행의 세부일정과 구체적인 계획은 그 다음 일입니다. 여행일정은 얼마든지 조정이 가능하고 비행기 티켓 가격의 차이에 따라 숙박 및 이동수단 그리고 여행지가 바뀔 수도 있기 때문에 여행을 떠나겠다는 결심이 서면 제일 먼저 비행기 티켓부터 알아봐야 합니다. 비행기 티켓은 구입 기간에 따라 가격 차이가 많이 납니다. 많게는 80 만원까지 차이가 납니다. 가난한 배낭 여행객이나 배고픈 학생들에게는 어마어마한 차이입니다. 서둘러서 나쁠 일은 없습니다. 스페인으로 가는 항공권은 대한항공이나 아시아나 항공을 이용하는 경우 기간에 따라 차이가 있지만 200만원 정도 합니다. 편도나 왕복이나 큰 차이가 없기 때문에 왕복 티켓을 기준으로 일반석과 여행 성수기를 가정했을 경우입니다. 국적 항공기는 항공권이 비싼 만큼 출발지나 도착지 시간이 편리하고 무엇보다도 직항 노선입니다. 중간 기착지가 있더라도 스페인과 가까운 유럽국가나 일본의 나리타 공항 등 목적지와 가까워 크게 불편하지 않습니다.

외국 항공사를 이용하는 경우는 2012년 여름 성수기 가격 기준으로 150-200만원 정도입니다. 외국 항공사는 자국을 중간 기착지로 해서 스페인으로 향합니다. 중간 기착지가 있는 만큼 여행 시간이 더 걸리고 스페인 출입국 시간대가 불편한 경우도 있지만 반듯이 그런 것은 아닙니다. 오히려 중간 기착지를 오픈티켓으로 해서 편의에 따라 항공권을 끊는다면 가격 변동 없이 스페인 외에 다른 나라를 여행하고 올 수도 있습니다. 통과승객이라고 해서 많이 힘든 것도 아닙니다. 유럽으로 가는 장거리 항공 비행 중에 잠시 내려 3~4시간 정도 쉬면서 머리를 식히는 것도 나쁘지 않습니다. 하지만 비행기를 갈아타는 시간이 6시간을 넘어가면 오히려 힘들다는 점도 고려해야 합니다. 중간 기착지가 많을수록, 환승 대기시간이 길수록, 탑승시간이나 입국시간이 안 좋을수록, 예약변경이 어려울수록 항공권 가격은 더 저렴해집니다. 현재 우리나라에서 스페인으로 향하는 대표적인 외국 항공사로는 터키, 러시아, 아랍항공 등이 있습니다. 가끔 특가로 150만원 미만의 항공권도 나오지만 특별 요금이 적용되는 항공권은 예약변경 불가나 환불불가 등 여러 가지 부대조건이 붙기 때문에 티켓을 예약할 때 세심한 주의가 요구됩니다.

요즘은 여행사를 통하지 않고도 인터넷을 이용해 비행기 티켓을 예약하고 구매합니다. 여러 항공사의 항공권 가격을 서로 비교할 수 있고 여행사보다 경제적으로 항공권을 구입할 수 있어 많이 이용합니다. 예약은 보통 1년 전부터 ~ 3개월 전에 해야 합니다. 구체적인 여행 계획이나 일정을 확정하고 항공권을 구입하려고 한다면 이미 늦습니다. 150만원 내외로 항공권을 구입하려면 최소 6개월 전부터 신경을 써야 합니다. 대학 신입생으로 겨울 방학에 해외 여행이나 어학연수를 계획하고 있다면 학기초에, 최소한 여름방학 이전에 항공권을 예약해야 합니다. 항공권에 일찍 관심을 가질수록 저렴한 항공권을 구입할 기회는 늘어납니다. 특별가격이 아니라도 보통 가격 차이가 50만원이면 괜찮은 호텔의 일주일 숙박비나 열흘간 스페인 전 지역을 돌아다닐 수 있는 차량 렌트 가격에 해당하는 비용입니다. 숙박비에 당연히 아침 식사비용 포함이고 렌터카 비용도 자동차 보험료를 포함하는 비용입니다. 저렴한 호스텔이나 민박을 애용하는 배낭 여행객들이나 학생들이 경제적인 가격으로 항공권을 구해야 하는 이유입니다. 편리하면서도 저렴한 항공권 구입은 다양한 경험을 필요로 하는 자유여행 재미의 시작이자 끝입니다. 스페인을 가고 싶다면 지금 당장 항공권 구입 사이트부터 살펴보십시오. 최대 80만원이라는 여행경비 차이는 여행의 질을 통째로 바꿀 수 있는 커다란 변수입니다.

3. 숙소는?

혼자 여행하는지 동반자가 몇 명인지에 따라 달라집니다. 경제적인 여유에 따라 배낭여행객들이 선호하는 호스텔이나 펜션, 한인 민박, 호텔, 콘도식 아파트 등 여러 형태가 있습니다. 인터넷 검색을 해보시면 각자의 필요에 따라 여러 정보를 다양하게 구할 수 있습니다. 혼자 여행하는 경우 동반자도 구하고 친구도 사귈 겸 호스텔이나 한인민박을 선택하는 경우가 많지만 비용보다 더 중요한 것은 안전문제입니다. 숙소의 위치가 어디인지, 시내인지, 저녁에 안전한 곳이지를 확인하는 것이 첫 번째이고 그 다음으로 중요한 것이 주요 관광지와의 접근성입니다. 관광지까지 도보로 이동이 가능한지, 교통은 편리한지, 대중교통 이용이 가능한 곳인지 등을 고려하여 숙소를 선택해야 합니다. 숙소나 호텔이 시내 중심부에 위치한 경우라면 편리한 교통은 장점이 될 수 있지만 어디가 됐든 시내(Centro)는 사람들의 발길이 뜸해지는 저녁시간에는 조심해야 합니다. 한인 민박이나 호스텔 이용은 부엌에서 음식을 스스로 해먹을 수 있다는 것은 좋지만 공용화장실 사용이나 여러 명이 함께하는 잠자리 등은 불편할 수밖에 없습니다. 개인 안전이나 물품 보관에도 신경을 써야합니다. 친구와 같이 여행을 한다면 차라리 중저가 호텔을 알아보는 것도 괜찮습니다. 둘이 비용을 같이 부담할 수 있고 간단한 아침식사가 포함되는 가격을 감안하면 비용 면에서 결코 불리하지 않은 경우가 많기 때문입니다.

4. 이동 수단은? 버스와 지하철, 기차 그리고 렌터카.

스페인 내의 이동 수단은 방문지에 따라 달라집니다. 대도시 안에서의 이동이라면 지하철이나 버스, 택시 그리고 시티투어 관광버스 등을 이용할 수 있고 도시간의 이동이라면 버스와 철도 그리고 국내선 비행기를 이용할 수 있습니다. 또 원하는 곳이 어디든 전부 다 이동이 가능한 렌터카를 사용하는 방법이 있습니다.

대도시인 마드리드와 바르셀로나 같은 경우 학생들이나 배낭 여행객들이 주로 이용하는 교통수단은 지하철(Metro)입니다. 지하철 망이 도시 곳곳에 거미줄처럼 잘 연결되어 있고 비용도 저렴하기 때문입니다. 버스나 도시전철을 같이 이용할 수 있는 통합 연계권을 비롯하여 정기권이나 T10 (10회권)과 같은 여러 종류의 지하철 승차권이 있습니다. 하지만 지하철 이용하면 항상 같이 등장하는 이야기가 있습니다. 바로 소매치기입니다. 최근 급증하는 소매치기 문제는 마드리드의 지하철이나 바르셀로나나 전부 마찬가지입니다. 백팩이나 가방은 항상 가슴 안쪽에 위치하게 하고 집시처럼 주변에 서너 명씩 몰려다니는 사람들이 나타나면 특히 조심해야 합니다. 혼잡한 곳을 싫어하거나 소매치기의 위험성을 감안한다면 시티투어 관광버스를 이용하는 것도 괜찮습니다. 비용이 좀 추가된다고 하지만 소매치기를 걱정할 필요가 없습니다. 안전성과 편리성이 확보된 공간이고 무엇보다도 시간이나 체력을 절약할 수 있습니다. 시티투어 관광버스는 5-10분 간격으로 순환운행을 합니다. 자주 오기 때문에 자리도 넉넉하고 2층에 편안하게 앉아서 여유롭게 관광지를 둘러볼 수 있습니다. 주요 관광지점 만을 돌아다니는 노선이기 때문에 본인이 내리고 싶은 곳에 내려서 구경을 하고 다시 그곳에서 버스를 타고 다른 관광

명소로 이동을 하면 됩니다. 티켓 하나로 다른 관광노선 버스도 탈 수도 있고 이어폰을 통해 관광명소에 관한 상세한 설명을 들을 수도 있어서 마치 가이드와 함께 여행을 하는 것 같습니다. 이틀 사용권이 할인권을 이용해 구입하는 경우에 20 유로가 약간 넘습니다. 하루 이용에 10유로 정도 생각하고 주요 관광 명소들을 최단 시간에 편리하게 돌아다닌다고 생각하면 소매치기를 걱정하면서 인파에 묻혀 힘들게 지하철을 갈아타는 것보다 훨씬 나을 수 있습니다. 이틀 동안 지하철을 여러 번 탄다고 생각하면 만원 차이도 나지 않습니다.

도시 간의 이동에는 버스나 열차 그리고 국내선 비행기를 이용할 수 있습니다. 스페인 외에 다른 유럽 국가 등을 둘러보는 일정을 계획하고 있다면 유로일 패스 등을 이용한 철도 여행이 좋습니다. 하지만 요즘은 유럽의 저가 항공사들을 이용하는 경우가 많습니다. 체력 비축이나 시간 절약 등에 있어서 유리하기 때문입니다. 스페인 남부지역 여행 중 그라나다에서 바르셀로나 같은 경우는 항공편을 이용하는 것이 좋습니다. 차나 버스로 9시간 정도 걸리기 때문입니다. 일반 여행객들은 야간 버스나 침대가 있는 야간열차를 이용해 그라나다에서 바르셀로나로 이동을 하지만 밤새 달리는 버스나 열차에 몸을 싣는다면 피곤할 수밖에 없습니다. 항공편으로는 2시간이면 충분합니다. 항공료는 부엘링(Bueling)같은 저가 항공사를 이용할 경우 70 유로(2012년 7월 말 기준) 정도 합니다. 버스나 열차가격 대비 3만원 정도의 차이입니다. 하지만 체력비축은 물론 하루 여행일정에 해당하는 시간을 번만큼 다른 곳들을 더 방문할 수 있다는 장점이 있습니다.

만일 동반자가 있다면 스페인에서의 이동수단으로 렌터카를 추천합니다. 3인 이상이라면 비용면에서 다른 이동수단보다 훨씬 저렴하고 편리합니다. 인터넷 검색으로 스페인과 유럽 지역의 렌터카 회사들을 찾아 예약한 후에 가까운 경찰서나 운전면허 시험장에 가서 해외운전 면허증을 교부받아 출국하면 됩니다. 운전이 서툴고 스페인에서 운전한 경험이 없기 때문에 두렵고 불안해서 렌터카는 꺼리는 경우가 많지만 우리나라에서 운전을 해 본 사람이라면 세계 어느 곳에서나 운전이 다 가능합니다. 요즘은 렌터카 회사에서 스페인에서 사용이 가능한 내비게이션(Navegador)도 빌려주니 출국할 때 같이 가져가면 원하는 곳을 찾아가는 것도 어렵지 않습니다. 렌터카의 가장 큰 장점은 시간과 장소에 구애를 받지 않고 어디든 마음껏 이동이 가능한 것입니다. 마음에 드는 곳에서 편하게 쉬면서 자유여행의 즐거움을 만끽할 수 있는 것이 바로 렌터카 여행입니다. 도시 간의 이동뿐만이 아니라 도시 내 관광지로의 접근성도 훌륭합니다. 시내에도 공영주차장이나 사설 주차장들이 많기 때문에 목적지에 최대한 가깝게 이동할 수 있습니다. 주차료도 두세 시간 정도면 3-4유료를 넘지 않습니다. 하지만 단점도 있습니다. 숙소를 정할 때 주변에 주차장이 있는지 살펴봐야 하고 운전 시 일방통행이 많고 도로 폭이 좁은 것은 힘든 점입니다. 스페인 남부의 작은 도시들은 시내 안 도로 폭이 특히 좁습니다. 그렇기 때문에 보험은 필수입니다. 렌터카도 예약 시기에 따라 또 차종이나 렌트 회사에 따라 비용차이가 많이 납니다. 여름 성수기 가격으로 보험료를 포함 일주일 정도면 300~400 유로를 생각하면 됩니다. 소형차일수록, 기간이 길수록 렌터카 비용은 상대적으로 줄어듭니다.

5. 총 여행 경비는?

여행 일정에 따라, 관광 포인트 지점에 따라, 숙소와 교통수단 이용 방법의 차이에 따라 그리고 무엇보다도 개인의 취향에 따라 여행 경비는 다 다릅니다. 하지만 이동수단의 차이를 설명하면서 우리 돈 만원이나 3만 원 정도의 차이에 따라 여행의 질이 많이 달라진다고 했는데 이제 스페인 여행에 있어서 가장 큰 비용을 차지하는 왕복 항공권의 차이, 50-70만원의 차이가 얼마나 큰 것인지 느끼셨을 겁니다. 스페인 여행을 꿈꾸고 있다면 가장 먼저 해야 할 일은 하루라도 빨리, 구체적인 여행 계획에 앞서서 항공권 예약부터 해야 합니다.

2

¿Qué carrera haces?

깔데론 극장(Teatro Calderón, Madrid)

옐모 극장(Yelmo Cines, Madrid)

Se dice así

Expresiones básicas en la clase
수업 시간에 많이 쓰는 기본적인 표현들입니다.

El salón(La sala) de clase / Aula	강의실
El horario de clases	수업 시간표
Presente / Sí / Aquí etoy.	출석 했습니다 / 예 / 여기있습니다.
Asistente ↔ Ausente	참석 했습니다 ↔ 결석 했습니다
¿Cómo? / ¿Cómo(Qué) dice?	예? 뭐라고 하셨죠?
No comprendo / No entiendo.	이해 못하겠습니다.
No sé.	모르겠습니다.
Otra vez(Repita), por favor.	다시 한 번(반복) 부탁드립니다.
Tengo una pregunta, por favor.	질문 있습니다.
¿Puedo hacer una pregunta?	질문을 해도 될까요?
Hable más despacio.	더 천천히 말씀해 주시겠습니까?
¿Qué significa esto?	이게 의미하는 것이 무엇입니까?
¿Cómo se dice esto en español?	스페인어로 이것을 어떻게 말하죠?
¿Me dejas el bolígrafo un segundo? Tome.	볼펜 좀 잠깐 쓸 수 있을까요? 여기요.
¿Pueden cerrar la puerta, por favor?	문 좀 닫아 줄래요?
Ya voy yo / Lo hago yo.	제가 지금 가겠습니다 / 제가 하겠습니다.

Expresiones básicas en la clase 2
수업 시간에 선생님이 많이 쓰는 표현들입니다.

¡Atención, por favor!	주목!
Abra(n) el libro, en la página...	책을 열고 ...쪽을 펴세요
Cierre(n) el libro.	책을 덮어 주세요.

Repita(n) cada palabra, por favor.	단어마다 반복해 주세요.
Lea(n) la oración.	문장을 읽어보세요.
Levante(n) la mano.	손을 드세요.
Saque(n) papel y un lápiz.	연필과 종이를 꺼내세요.
Escriba(n) la respuesta.	답을 적어보세요.
Conteste(n) la pregunta.	질문에 대답해 보세요
Entregue(n) las hojas (los trabajos).	종이를 내세요. (리포트를 제출하세요)
Haga(n) los ejercicios.	연습 문제를 풀어보세요.
Siénte(n)se.	앉으세요.
¡Silencio, por favor!	자. 조용!

TUTORING

명령형 표현과 접속법

명령법(Modo Imperativo)은 접속법 형태를 이용해 만듭니다. 2인칭인 Tú에 관한 명령형 표현은 직설법 현재 3인칭 단수형 표현을 3인칭인 Usted에 관한 명령형 표현은 접속법 현재 3인칭 단수형 표현을 씁니다. 위의 예문들은 3인칭 단수와 복수형에 대한 명령형 표현들입니다. Vosotros/as의 명령형 표현은 -ar 동사는 -ad, -er / -ir 동사는 -ed / -id를 붙여 만듭니다.

긍정 명령형(Imperativo afirmativo) 표현

	Tomar	Comer	Abrir	Poner	Venir	Tener	Decir
Tú	toma	come	abre	pon	ven	ten	di
Ud.	tome	coma	abra	ponga	venga	tenga	diga
Vosotros/as	tomad	comed	abrid	poned	venid	tened	decid
Uds.	tomen	coman	abran	pongan	vengan	tengan	digan
	Hacer	Salir	Ir	Ser	Cerrar	Pedir	Dormir
Tú	haz	sal	ve	sé	cierra	pide	duerme
Ud.	haga	salga	vaya	sea	cierre	pida	duerma
Vosotros/as	haced	salid	id	sed	cerrad	pedid	dormid
Uds.	hagan	salgan	vayan	sean	cierren	pidan	duerman

Tú에 관한 명령형 표현은 직설법 형태를 그래도 사용하면 되지만 3인칭 명령형 표현을 익히려면 접속법을 알아야 합니다. 접속법은 문법에서도 마지막에 배우는 부분입니다. 그만큼 사용이 복잡하고 용법이 어렵다는 이야기입니다. 여기에서는 간단하게 기본적인 것만 체크하기로 합니다.

접속법(Modo subjuntivo): 접속법은 불확실한 상황의 표현이나 객관적인 사실이 아닌 주관적인 감정을 표현하는 경우에 사용합니다. 접속법의 명사적 용법인, 주절과 종속절의 주어가 서로 다르고 주절에 감정 표현의 동사를 쓸 때 종속절에 접속법을 사용하는 경우가 가장 많이 볼 수 있는 경우입니다.

접속법의 형태: ar동사는 어미를 e로 바꾸어 어간에 붙이고 (e, es, e, emos, éis, en) er와 ir 동사는 어미를 a로 바꾸어 어간에 붙여 (a, as, a, amos, áis, an) 만듭니다. 접속법의 1인칭과 3인칭 변화형은 동일하며 직설법 현재형이 불규칙인 동사들은 접속법 현재형도 불규칙이기 때문에 불규칙 동사들은 따로 암기해야 합니다.

접속법(Subjuntivo) 규칙동사 변화형

Habl**ar**	habl**e**, habl**es**, habl**e**, habl**emos**, habl**éis**, habl**en**
Com**er**	com**a**, com**as**, com**a**, com**amos**, com**áis**, com**an**
Viv**ir**	viv**a**, viv**as**, viv**a**, viv**amos**, viv**áis**, viv**an**.

접속법 불규칙 동사들: 직설법 현재 1인칭 변화형이 불규칙인 경우

Tener (Teng-o)	tenga, tengas, tenga, tengamos, tengáis, tengan.
Poner (Pong-o)	ponga, pongas, ponga, pongamos, pongáis, pongan
Hacer (Hag-o)	haga, hagas, haga, hagamos, hagáis, hagan
Decir (Dig-o)	diga, digas, diga, digamos, digáis, digan.
Venir (Veng-o)	venga, vengas, venga, vengamos, vengáis, vengan
Salir (Salg-o)	salgo, salgas, salga, salgamos, salgáis, salgan

✔감정 표현의 동사

희망이나 소망:	Querer, Desear	원하다, 기대하다	Esperar	희망하다
요구:	Pedir	요구, 요청하다	Solicitar	간청하다
권고나 제안:	Proponer	제인하다	Aconsejar	충고하다

강제나 사역:	Hacer	~하게하다, 하게 만들다		
허용이나 승인:	Permitir	허락, 허용하다	Dejar	허용, 방임하다
명령:	Mandar	명령하다	Ordenar	명령, 정돈하다
금지:	Prohibir	금지하다	Impedir	막다, 제지하다

감정표현의 동사들은 단문인 경우에는 뒤에 동사 원형이 오기 때문에 부정사라고도 합니다. 주절과 종속절로 만들어지는 복문인 경우에는 앞서 설명한 것처럼 주문에 감정 표현의 동사가 오면 종속절에는 접속법을 사용해야 합니다.

다음은 어떤 사실을 이해하거나 잘 이해하지 못했을 때 쓰는 표현들입니다. 뜻을 알았다거나 이해하기 힘들 때 유용하게 쓸 수 있는 표현들입니다.

No (lo) sé.	(그것을) 모르겠습니다.
¡Ya caigo!	드디어 알았다!
¡Vaya! Por fin capto la idea.	이야! 드디어 무슨 말인지 알았다.
Está más claro ahora.	이제 더 분명히 알겠다.
Hay algo que se me escapa.	이해 안 되는 부분이 있어.
No logro entender.	(결국) 이해 못했어.
No me cabe en la cabeza.	머리에 들어오지가 않아.

Episodio 1

¿Qué estudias?

Diana: ¿Qué estudias?
Carlos: Estudio Derecho.
Diana: ¿Qué carrera haces?
Fabio: Soy estudiante de Historia.
Mario: Yo todavía no sé qué estudiar.
Teresa: Yo, tampoco. No lo he decidido todavía.

¿Qué carrera haces?

Fabio: Mamá, quiero presentarte a Daniel, mi compañero de cuarto.
Sra. Eva: Mucho gusto, Daniel.
Daniel: Igualmente, señora Eva.
Sra. Eva: ¿Qué carrera haces, Daniel?
Daniel: Estudio Derecho.
Sra. Eva: ¡Qué bien!

En la sala de clase...

Profesor: Buenos días, ¿Cómo se llama usted?
Estudiante: Me llamo María Elena.
Profesor: Mucho gusto, María.
Estudiante: Igualmente.
Profesor: Señorita Elena, por favor cierre la puerta y siéntese.

Después de cerrar la puerta del salón de clase...

Profesor: Gracias. Ahora, abra el libro y lea la página cinco.
Estudiante: Con mucho gusto; España, cultura y civilización. España es una nación muy importante en la historia...

Episodio 2

En la oficina de matrícula

Estudiante: Necesito una clase más por la mañana. ¿Hay sitio en la clase de psicología?

Consejero: No, no hay.

Estudiante: ¿Hay algún curso de Historia o de Matemáticas?

Consejero: Sólo por la noche. ¿Desea usted tomar una clase por la noche?

Estudiante: No. Trabajo por la noche. Por eso necesito tomar todas mis clases por la mañana.

Consejero: Pues... ¿Qué tal el Francés 2? Hay una clase a las diez de la mañana.

¿Cuántos créditos tienes?

Victoria: ¿Cuántas clases tienes este semestre, Rodrigo?

Rodrigo: Cinco. Tengo dieciséis créditos en total.

Victoria: Pues yo tengo dieciocho. ¡Mucho trabajo!

Rodrigo: ¡Pobrecita!

Victoria: ¿Cuántos estudiantes hay en tu clase de inglés?

Rodrigo: Hay vienticinco. Hay más mujeres que hombres en esa clase.

Victoria: ¿Qué tal es la clase?

Rodrigo: Es interesante y divertida.

¡A la escuela! ...

Isabel: ¿Qué pasa con la computadora? ¡El ratón no funciona! Con razón. Hay que conectar el ratón al teclado. Y... ¡Papel! La impresora no tiene papel.

Mamá: ¡Date prisa! Siempre llegas tarde a la escuela. ¿Llevas tu cuaderno, tus libros y la calculadora?

Isabel: Sí, mamá, claro.

Mamá: ¿Y tu tarea, Isabel? ¿Hiciste la tarea de la clase de Ciencias Naturales?

En la escuela...

Isabel:	Necesito sacar una buena nota en esta clase.
Carlos:	Yo, también. Estudio todos los días, pero la clase es difícil.
Isabel:	¡Qué horror!
Carlos:	¿Qué?
Isabel:	¡Mi tarea para la clase de Ciencias Naturales! ¡La dejé en la impresora, en mi casa! ¡Tengo que hablar con la profesora Días, ahora mismo!

VOCABULARIO ACTIVO

Estudiar / (m) Estuido, Estudiante	공부하다 / 공부, 학생
Derecho	법학, 법
Historia	역사, 이야기
Todavía	아직(도), 여전히
Tampoco ↔ También	~ 도 하지 않다(부정) ↔ 역시 ~하다(긍정)
Decidir ↔ Dudar	결정, 결심하다(Determinar) ↔ 의심하다
Compañero	동료
Cerrar ↔ Abrir	닫다 ↔ 열다(Abrir)
Leer	책) 읽다
Cultura y civilización	문화와 문명
Importante	중요한
Necesitar	필요하다
Psicología	심리학
Imposible ↔ Posible	불가능한 ↔ 가능한
Semestre	학기
Crédito	신용, 학점, 수업 단위
Pasar	일, 사건) 일어나다, 발생하다
Computadora / Pantalla / Ratón	컴퓨터 / 모니터 / 마우스
Razón	이유, 이성
Conectar	연결하다
Teclado / Impresora	자판 / 프린터
Calculadora	계산기
Tarea / Trabajo(Reportaje)	숙제, 과제물 / 리포트(보고서)
Nota	기록, 메모, 주해, 성적(Calificación)

KEY WORDS

Carrera:

1) 경주, 달리기(Correr-Corrida), 경쟁(Competición)
2) 경력(Historia personal) / Curriculum vitae 이력서
3) 과정(Curso, Trayecto) 공부(Estudio) / 전공(Especialización) ↪ ¿Qué carrera haces? 어떤 전공을 하는데? (어떤 경력, 전공 과정을 하고 있는데?)

Sitio: 장소나 공간 또는 지역의 의미로 어떤 것을 신청할 때 '자리가 있다, 없다' 표현에 쓰입니다. 같은 의미로 Lugar, Puesto, Plaza 등이 있습니다. Puesto는 일자리를 말할 때 많이 사용합니다.

↪ ¿Todavía hay lugar? 아직 자리가 있습니까?

¿Hay puesto (lugar/plaza)? 자리가 있나요?

Pasar: (일이나 사건) 일어나다, 발생하다 / 지나가다, 통과하다 / 시간을 보내다, 지내다.

1) 어떤 일이나 상황이 발생하다, 일어나다	Suceder, Ocurrir, Acontecer
¿Qué te pasa? ¿Qué sucede aquí? ¡Ha ocurrido un milagro! En aquel tiempo aconteció una desgracia.	무슨 일이야? 여기 무슨 일이야? 기적이 있어났다! 그 당시에 불행한 일이 일어났었어.
2) 시간이나 기간을 지내다, 보내다	Pasar + 시간(기간) : ~ 지내다, 보내다
Quiero pasar el verano en la playa. Voy a pasar este domingo en la finca. Han pasado ya dos años desde que nos reunimos.	여름은 바닷가에서 보내고 싶어. 이번 일요일에는 별장에서 지낼 거야. 우리가 모인지 벌써 2년이 지났다.
3) ~ 을 통과하다, 지나가다, 건너가다	Pasar + 장소
No puedo pasar la frontera solo. Si quieres pasamos al comedor. Mucha gente pasa por esta calle para ir a la estación.	혼자서 국경을 통과할 수는 없다. 원한다면 식당으로 건너가자. 많은 사람들이 역에 가기위해 이 거리를 지나간다.

Ahora mismo: 지금 당장

KEY POINT

수업이나 과제물, 시험과 관계있는 단어들을 체크해 봅시다.

Exámen (Exámen final)	시험 (기말시험)
Trabajo / Reportaje Tarea / Investigación / Estudio	리포트 / 보고서 과제물(숙제) / 조사 / 연구(공부)
Notas, Evaluaciones, Calificaciones	성적, 평가
Crédito	학점

APUNTES:

El sistema educativo de los países hispanos

중남미 국가들의 교육체제

La escuela primaria	Elementary school, 5-8 years 초등학교, 5-8년 동안 수학
La esculea secundaria	Secondary school, 4-7 years 중등학교(중·고등학교, 4-7년 동안 수학)
La Universidad / El instituto	University 대학 / 학원, 연구소, 협회

TUTORING

증대사와 축소형의 표현

Salón은 Sala(거실/방)의 증대사 표현입니다. 큰 방이라는 말입니다. 그래서 Salón de clase는 Aula(강당, 교실)처럼 일반 강의실인 Sala de clase보다 큰 대형 강의실을 의미합니다. 스페인어는 감정 표현이 아주 풍부한 언어입니다. 낭만적이고 다혈질이라는 라틴족의 감정을 표현해야 되기 때문입니다. 그렇기 때문에 스페인어에는 주관적인 표현이 발달하고 매우 풍부한 감성을 표현하는 다양한 방법들이 존재합니다. 주관적인 감성 표현을 대표하는 접속법과 표면으로 들어나는 객관적인 것보다 더 과장되게 보이거나 더

작게 느끼게 하는 증대사 와 축소사 표현이 그것입니다. 증대사와 축소사 표현은 풍부한 감성을 더욱 과장되게 표현하거나 상대적으로 더 조그맣게 보이게 함으로서 귀엽거나 사랑스러운, 애교스러운 느낌을 강조합니다. 증대사와 축소사는 단어의 어미를 변형시켜 만듭니다.

증대사: 어미에 - ón이나 - ona를 붙여 만듭니다.

Hombrón 큰 남자　　Dormilón 잠꾸러기(남자)
Dormilona 잠꾸러기(여자)　　Llorona 울보　　Salón 큰방

축소사: 어미에 -ito, -ita, -illo, -illa를 붙여 만듭니다.

Pajarito (Pájaro) 새끼 새　　Muchachito/a (Muchacho) 어린(귀여운) 소년(소녀)
palillo (Palo) 젓가락　　Pobrecito/a (Pobre) 가녀린, 불쌍한
Ahorita (Ahora) 지금 당장　　Terracita (Terraza) 작은 발코니

스페인/중남미의 대학부속 건물들

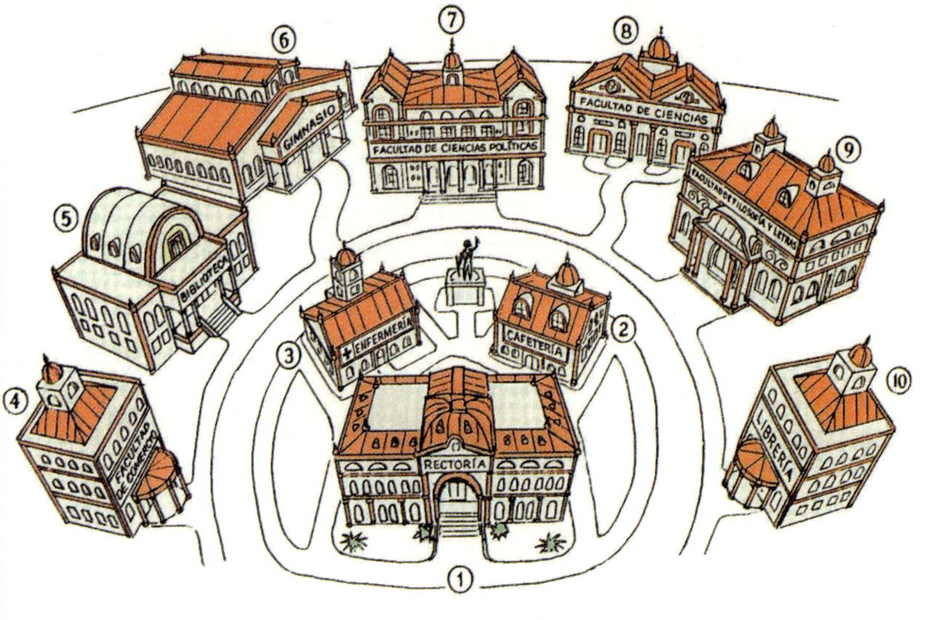

1. Rectoría (Administration)
2. Cafetería
3. Enfermería
4. Facultad de Comercio
5. Biblioteca
6. Gimnasio
7. Facultad de Ciencias Políticas
8. Facultad de Ciencias
9. Facultad de Filosofía y Letras
10. Librería

PASATIEMPO
떠나자 스페인으로;

1. 스페인 여행 Tip...

스페인은 주로 여름에 여행을 하는 경우가 많습니다. 1년 정도의 장기 어학연수는 겨울방학을 이용해 출국하는 경우가 많지만 방학을 이용하는 단기 어학연수 과정이나 관광 목적의 배낭여행은 기후를 감안해 주로 여름에 여행을 많이 떠납니다. 6 ~ 8월 달이 여기에 해당 합니다. 하지만 스페인의 여름 날씨는 겪어본 사람만이 압니다. 무척 덥습니다. 특히 7, 8월은 여름방학 특수나 휴가철에 해당하는 여행 성수기입니다. 일찍 서두르지 않으면 저렴한 항공권은 구하기 힘듭니다. 하지만 스페인 전체로 본다면 내국인 관광객은 감소하고 해외 외국인 관광객들이 증가하는 시기입니다. 스페인 사람들은 7, 8월에는 바닷가를 제외하고 다른 도시나 관광지로 여행을 떠나지 않습니다. 너무 덥기 때문입니다. 중부 내륙의 고원지대에 위치한 마드리드나 바닷가의 항구도시인 바르셀로나는 힘들어도 견딜만 하지만 남부지방은 정말 괴롭습니다. 꼬르도바를 비롯하여, 세비야, 그라나다 등 안달루시아 지역의 남부지방들은 40도가 넘는 것이 일상이고 해도 저녁 10시가 넘어야 집니다. 거의 하루 종일 해가 떠 있다고 보시면 됩니다. 그렇기 때문에 7, 8월 여름 방학에 스페인으로 여행을 떠나려면 모자와 선크림, 선글라스, 반바지는 필수입니다. 긴 바지를 입으면 허벅지에 땀띠 납니다. 여자분들 같은 경우는 작은 양산도 구비하면 좋습니다. 남자들 같은 경우 반바지를 입어도 성당이나 사원관람에 전혀 지장이 없습니다. 단 모자는 반듯이 벗어야만 합니다. 잘 보시면 알겠지만 남부 지역에서 오후 1시~4시 사이에 돌아다니는 사람은 거의 전부 무식하게 용감한 관광객들뿐입니다. 이 시간에는 거리도 한산합니다. 지열 때문에 오후로 접어들수록 날씨는 점점 더 더워집니다. 오후 4~6시 사이가 최고로 더운 시간입니다. 오후 2~3시에 점심을 먹고 잠깐이라도 눈을 붙이는 것이 차라리 낫습니다. 스페인의 공식적인 낮잠 풍습인 시에스타(Siesta)가 괜히 생긴 것이 아닙니다. 더운 여름철에 스페인을 여행하시는 분들에게 한낮의 휴식은 필수입니다. 무리하게 낮에 돌아다니다가 지쳐 여행일정을 망치는 것 보다는 스페인 현지인들의 시간대에 맞추어 움직이면 좋습니다. 낮에 구경한디고 돌아다니시 마시고 시에스타 시간에는 스페인 친구들처럼 그냥 같이 잠을 자거나 그늘에 앉아 푹 쉬십시오. 관람 및 관광 시간은 아침 일찍 그리고 저녁 늦은 시각이 좋습니다. 목적한 도시에 오후에 여유있게 도착해 쉬다가 선선해지는 시각에 나가서 일몰 및 야경을 보고 다음 날 아침 일찍 다시 관람을 하고 해가 쨍쨍한 낮에는 에어컨이 나오는 차량을 이용해 도시 간 이동하는 일정을 추천합니다. 낮에 도착해 호텔이나 숙소에서 샤워하고 편안하게 쉬다가 도시 야경을 보고 다음날 아침 10시 이전에 성당이나 유적지 관람하시면 덤으로 입장료는 무료인 경우가 많습니다. 성당 및 알카사르(Alcazar) 그리고 주요 유적지의 야경은 낮과는 전혀 다른 새로운 운치를 선사합니다. 붉은 석양을 배경으로 노란 불빛에 물들어가는 성당이나 성곽 외벽들의 이색적인 모습은 스페인 관광의 또 다른 추억거리를 만들어 줍니다.

2. 스페인 사람들에 대해서...

'불친절합니다.' 스페인 여행기들을 보면 가끔 나오는 말입니다. 특히, 서비스업에 종사하는 사람들이 퉁명스럽고 불친절합니다. 다른 유럽 국가에 비해 일반적으로 서비스의 질이 떨어진다는 불평도 많습니다. 여행자들이 빈번하게 들리는 터미널이나 철도역 등 교통수단을 이용하는데 있어서 접하게 되는 승차권 판매원이나 바(Bar), 음식점에서 일하는 직원들의 사무적인 태도에서 많이들 불편함을 느낀다고 말합니다. 틀린 말은 아닙니다. 최근에는 국가경제의 어려움 때문에 더욱 미소가 사라졌다는 말도 나옵니다. 이런 느낌은 오히려 마드리드나 바르셀로나 같은 대도시에서 심합니다. 호텔이나 음식점도 크고 잘 알려진 곳일수록 오히려 관광객이나 여행객들에게 상투적으로 대하는 곳이 많습니다. 이런 느낌은 영어가 잘 통하지 않아 불편함을 느끼는데다가 다소 딱딱하고 강한 발음이 나는 스페인어 특유의 억양과 어감 때문에 더 그렇게 느껴질 수도 있습니다. 듣기에 따라서는 화난 것처럼 들리는 경우도 있습니다. 하지만 스페인 현지인들이 자주 가는 일상적인 곳을 들린다면 다른 느낌을 받을 겁니다. 대도시를 조금만 벗어나서 외곽으로 나가거나 지방의 소도시들을 방문한다면 전혀 다른 분위기를 느낄 겁니다. 스페인을 가슴으로 느끼려면 지방의 작은 마을이나 소도시들을 방문해보라고 권하고 싶습니다. 같은 경찰이라도 해도 마드리드의 경찰들과 꼬르도바, 그리고 그라나다를 비롯한 작은 지방 도시들의 경찰은 많이 다릅니다. 여행에 어려움을 느낄 때마다 경찰들에게 또는 길가는 사람들에게 도움을 요청해 보십시오. 아직도 이런 분들이 있나 싶을 정도로 친절하게 대해 줍니다. 과장된 몸짓과 커다란 목소리도 영어도 잘 안되면서 정말 열심히 도와줄 겁니다. 어디나 마찬가지지만 사람 나름이고 아직까지 스페인에는 좋은 사람들이 훨씬 많습니다.

3. 쇼핑과 기념품

가난한 학생들이 쇼핑을? 학생들도 배낭 여행객도 어학 연수생들도 필요한 것은 사야 합니다. 여행 경비를 아끼는 것이 필수인 학생들의 입장에서는 배부른 이야기일 수 있습니다. '텍스 리펀(Tax refund)' 같은 이야기는 사치임에 분명합니다. 하지만 여행경비도 마찬가지이고 쇼핑도 상대적인 개념입니다. 대학생들도 옷은 입어야 합니다. 마음에 드는 옷이 우리나라에서 구입하는 것보다 훨씬 싸다면 그리고 비용대비 경제적 가치나 효율성이 훨씬 낫다면 여행 경비도 상쇄할 겸, 즐거운 여행의 추억으로 몇 벌 구입하는 것도 나쁘지 않습니다. 선물용으로도 좋습니다. 단 세일 기간을 잘 이용해야 합니다. 그래야 비행기 표 값의 일부라도 건질 수 있습니다. 다행히 세일기간은 여름 관광 성수기 기간과 겹칩니다. 일찍 서두르면좋겠지만 세일 막바지에 가면 갈수록 할인의 폭이 커지기 때문에 늦게 가도 의외의 수확을 거둘 수 있습니다. 우리나라 대학생들이 좋아하는 대표적인 브랜드는 사라(Zara)와 캠퍼(Camper)입니다. 사라는 패스트 의류 브랜드로 중저가 상품 군에 속하지만 유행을 그때그때 반영해 소량 다품종 생산을 하는 것으로 유명합니다. 요즘 젊음 친구들의 민감한 디자인 경향을 잘 반영하기 때문에 인기가 좋습니다. 다

양한 가죽제품 신발로 인기가 있는 캠퍼는 고가 브랜드에 속합니다. 일반인들에게도 부담이 됩니다. 하지만 세일기간에는 다릅니다. 캠퍼도 스페인에서 직접 구입하면 면세점 할인가격보다 싸게 살 수 있습니다. 스페인에서는 고가의 의류 브랜드도 세일 기간에는 국내 보세 의류보다도 저렴하게 살 수 있습니다.

스페인 전역에서 시작되는 여름 세일 기간은 지역별로 약간씩 다르지만 보통 7월 달부터 시작합니다. 세일 기간 동안 스페인 길거리는 '세일'과 '할인'이라는 뜻의 Las rebajas 광고로 뒤덮입니다. 거의 모든 브랜드가 현지 가격에서 50% 할인판매를 한다고 생각하면 됩니다. 중부 내륙지역인 수도 마드리드는 약간의 변동은 있을 수 있지만 다른 곳에 비해 조금 일찍 시작하고 (2012년인 경우 6월 21일 - 9월 21일까지) 동부 지역의 바르셀로나 같은 경우는 7월 1일에서 ~ 8월 31일까지가 세일기간에 해당합니다. 처음 세일기간인 1° Rebaja (primera rebaja)기간에 20~30% 할인부터 시작해서 세일 막바지에는 70%까지 내려갑니다. 보통 50% 할인을 하는 두 번째 2° Rebaja (Segunda Rebaja) 세일기간이 너무 복잡하지도 않고 기간도 길기 때문에 쇼핑을 하기에 적당합니다.

개인적으로 패스트 브랜드 라인의 사라(Zara)나 망고(Mango)보다는 같은 성향이지만 그 윗 브랜드인 '데시구알'(Desigual)을 추천합니다. 옷감의 질을 비롯해 디자인도 더 화려하고 디테일도 돋보이는 것이 가격 대비 최고입니다. 평소 같으면 가격이 부담스러울 수도 있지만 세일기간에는 20 ~ 30유로 정도면 마음에 드는 것을 구할 수 있습니다. 디자인이 특이한 것이 많고 색다른 맛이 있어 우리나라에서는 구할 수 없는 제품들입니다. 브랜드 이름조차 Desigual '똑같지 않은', '난 다름' 입니다. 선물로 몇 벌 구입하는 것도 괜찮을 것 같습니다. 스페인은 가죽 제품들이 유명하기 때문에 캠퍼가 아니라도 신발은 아무 매장이나 들어가도 품질이 좋은 제품들을 저렴하게 구입할 수 있습니다. 보통 구매 후 1달 안에 영수증(Factura)만 있으면 교환이나 환불이 가능합니다. 스페인 안에서는 어디든 같은 브랜드 매장이라면 영수증만 있으면 무조건 교환 혹은 환불해줍니다.

4. 숙소와 음식

여행을 많이 해본 분들은 아시겠지만 숙박업소에서 가장 필요한 것은 의외로 슬리퍼입니다. 호스텔이나 민박 그리고 호텔 역시 마찬가지입니다. 숙소에서 신고 다닐 슬리퍼를 따로 준비하면 매우 유용하게 쓸 수 있습니다. 마드리드로 들어가는 외국 항공사인 T사는 기내에 슬리퍼가 준비되어 있으니 이용하게 된다면 슬리퍼를 꼭 챙기시기 바랍니다. 그리고 숙소 주변의 가게나 작은 슈퍼가 어디 있는지 살펴보고 물과 과일정도는 사다가 미니 바(냉장고)나 공용 냉장고 안에 넣고 필요할 때마다 이용하는 것이 좋습니다. 스페인 음식과 유명 레스토랑은 여러 관광 책자에 자세하게 소개되어 있으니 따로 소개할 필요는 없지만 비용 대비 푸짐하게 먹을 수 있는 '메누 델 디아'(Menú del día)을 추천합니다. '오늘의 요리'라는 의미의 '메누 델 디아'는 점심때만 제공됩니다. 보통 여행지를 이곳저곳 다니다 보면 점심은 패스트 후드 점에서 간단하게 햄버거로 때우고 저녁을 비싸게 정찬으로 먹는 경우가 많습니다. 점심때만 제공되는 '메누 델 디아'는 저녁 식사와 비슷한 정찬인 경우가 많습니다. 차라리 그 지역의 특산물을 비롯해 여러 종류의 요리가 나오는 푸짐한 점심식사를 저녁으로 생각하고 낮에 'Menú del día(오늘의 요리)'를 먹고 저녁을 간단하게 드시는 것이 비용대비 효과적입니다. 음식량도 생각보다 푸짐하고 많습니다. 여럿이 함께 여행을 한다면 적게 시켜서 나누어 먹는 것도 비용을 절약하는 방법입니다. 항상 배고픈 대학생들이나 배낭 여행객들도 가끔 메누 델 디아(Menú del día)를 이용해 고유의 향토 음식들을 맛보았으면 합니다.

스페인 어디서나 볼 수 있는 단품요리 안주식당 Tapas

3

¿Qué tiempo hace ?

Se dice así

El tiempo de hoy: 오늘의 날씨

날씨에 관한 다양한 표현들입니다:

¿Qué tiempo hace hoy?	오늘 날씨가 어때?
Hace buen tiempo.	날씨가 좋다.
Es un día muy agradable.	아주 기분 좋은 날이야.
¡Qué día tan bueno(bello)!	정말 좋은(아름다운) 날이야!
Hace mal tiempo.	날씨가 나쁘다.
¡Qué tiempo tan malo!	정말 안 좋은 날씨야!
Hace (mucho) calor.	날씨가 (매우) 덥다.
¡Qué calor hace!	정말 덥네!
Hace un calor(frío) tan terrible, ¿no?	정말 지독하게 덥네(추워), 그렇지 않아?
Hace (mucho) frío.	날씨가 (매우) 춥다.
¡Qué frío hace!	정말 추워!
Hace fresco.	선선한 날씨다.
Hace mucho viento hoy.	오늘은 바람이 많이 분다.
Hace mucho sol.	해가 쨍쨍하다.
Hay mucha nube.	구름이 아주 많다.
Está nublado.	구름이 꼈네.
¡Qué neblina!	안개 좀 봐!
Está depejado.	구름이 걷혔다.
Parece que va a llover.	비가 올 것 같아.
Va a llover pronto.	곧 비가 내릴 거야.
Está lloviendo mucho.	비가 아주 많이 오고 있다.
Nieva.	눈이 온다.
Está nevando.	눈이 내리고 있다.

KEY POINT

Es un día muy agradable: 아주 기분 좋은 날이야. 기분을 상쾌하게 해주는, 즐거운 기분을 느끼게 해주는 좋은 날씨를 말할 때 쓰는 표현입니다.

Agradable: 기분 좋은, 상쾌한, 유쾌한

Hace mal tiempo. '날씨가 나쁘다'는 말입니다.

Hace muy mal tiempo hoy. 오늘은 날씨가 아주 안 좋아.

Hacer calor: 덥다.

¿Hace calor en verano en Corea? 한국의 여름은 덥습니까?

Hacer viento: 바람이 분다.

En otoño hace mucho viento. 가을에는 바람이 많이 분다.

Hacer fresco: 선선하다.

Esta mañana hace mucho fresco. 오늘 아침은 무척 선선한데.

Hace sol: 해가 나다.

¿Ya hace mucho sol? 이제 해가 쨍쨍하니?

¡Qué neblina! 안개가 많이 끼었을 때 쓰는 표현으로 '안개가 끼었다'는 표현은 Estar 나 Haber 동사를 이용해 표현합니다.

Está nebuloso.	안개가 끼었다(안개가 낀 상태).
Hay niebla densa.	짙은 안개가 있다.
Hay mucha neblina.	안개가 많이 있다(끼었다).

Parece que va a llover mucho. '비가 많이 올 것 같아'라는 표현입니다. 비에 관한 다양한 표현들입니다.

Llueve mucho.	비가 많이 온다.
Llueve frecuentemente.	비가 자주 온다.
Está lloviendo mucho.	비가 아주 많이 오고 있다.
Está lloviendo a cántaros.	비가 막 퍼붓고 있는 중이다.
Está lloviendo muy duro.	비가 아주 심하게 내리고 있다.
Es la temporada de lluvia.	우기이다. 장마철이다.

Está lloviendo muy duro: 비가 세차게 퍼붓고 있을 때 쓰는 표현으로 Duro 대신 Fuerte을 쓸 수도 있습니다.

Duro: 단단한 (Firme), 딱딱한(Sólido), 질긴(Consistente), 심한(Severo), 강한(Fuerte)

→ 고기가 질긴 경우에도 Duro표현을 씁니다.

Es una carne muy dura. 고기가 아주 질겨

날씨에 관한 표현

Hace	+	(sol / frío / calor / viento / buen tiempo / mal tiempo)
Hay	+	(nubes / niebla, neblina / viento / tormenta / relámpago)
Estar	+	(nublado / despejado)
Llover / Nevar / Tronar / Granizar		

TUTORING

Tener Vs Hacer

날씨 변화에 상관없이 체감 날씨의 주관적인 표현에는 Tener 동사를 쓰고 객관적인 날씨의 표현에는 Hacer 동사를 씁니다. 기상청의 일기예보처럼 기온 차이에 따르는 객관적인 날씨 표현에는 Hacer 동사를 써야 하지만 객관적인 기온과 상관없이 본인만이 느끼는 체감온도의 표현에는 Tener 동사를 씁니다. 예를 들어 한 여름의 더운 날씨(Hace mucho calor en verano) 에도 본인이 감기에 걸렸다면 추위를 느낄 수 있습니다(Tengo frío). 반대로 한 겨울에도(Hace mucho frío en invierno) 열이 많은 사람은 덥게 느낄 수도 있습니다(Tengo calor). 실제 날씨와 상관없이 스스로 느끼는 체감 날씨의 표현에 Tener 동사를 씁니다.

세비야(Sevilla) 대성당 안의 예배당

¿Qué tiempo hace?

Hace (mucho) sol.*

Hace (mucho) frío.

Hace (mucho) calor.

Hace (mucho) viento.

Hace fresco.

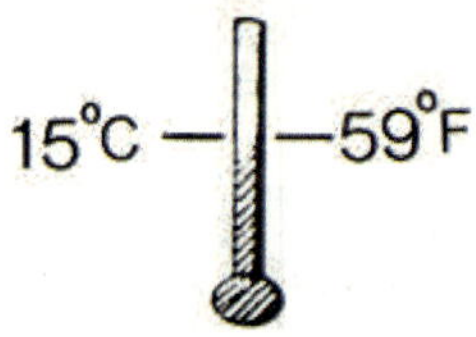

Está lloviendo (ahora).
Llueve frecuentemente.

APUNTES:

❖ Tener와 Hacer 동사의 관용 어구 표현들

Tener calor/frío.	덥다/춥다.
↪ ¿Tiene calor? 더워?	¿Tienes mucho frío? 너 많이 추워?
Tener hambre	배고프다
↪ Vamos a buscar algún restaurante porque tengo hambre. 배가 고프니까 식당을 찾아보도록 하자.	
Tener sed	갈증이 나다
↪ ¿Quieres tomar algo? Tengo sed. 뭐 좀 마시고 싶지 않아? 난 목이 마른데.	
Tener dolor de	~ 아프다 (Doler)
↪ Tengo mucho dolor de cabeza. 머리가 많이 아파.	
Tener miedo de	겁이 나다(Dar miedo)
↪ Tengo miedo de la oscuridad / Me da miedo la oscuridad. 나는 어둠이 무서워.	
Tener sueño	졸리다

↪ ¿Qué hora es? Tengo mucho sueño. 몇 시지? 무척 졸린데.

Tener razón	~ 의 말이 옳다	
↪ Usted tiene razón. 당신 말이 옳아요.		
Tener sentido	말이 되다	
↪ ¿Quién lo dice eso? No tiene sentido. 누가 그런 말을 해? 말도 안 돼.		
Tener responsabilidad	책임을 지다	
↪ Ellos tienen mucha responsabilidad. 그들의 책임이 크다.		
Tener la culpa	~ 의 잘못이다	
↪ No tengo la culpa. 나는 잘못이 없다.		
Tener prisa	급하다.	
↪ ¿Tiene mucha prisa? 많이 급한 일이야? Si, tengo mucha(tanta) prisa. 응, 정말 급해.		
Tener que + Inf.	~ 해야만 한다.	Hay que / Deber + Inf.
↪ Tengo muchas cosas que hacer hoy. 나는 오늘 할 일이 아주 많아.		
Tener ganas de + Inf.	~ 원하다, 하고 싶어 하다	Querer, Desear
↪ Tengo muchas ganas de ir a esa universidad. 저 대학에 무척이나 가고 싶어.		

✔동사+명사→동사 의미의 강조

Hacer falta: 필요하다 (Necesitar)	Hacer caso de: 관심을 갖다 (Interesar)
Hacer una pregunta: 질문하다 (Preguntar)	Hacer paradas: 멈추다, 정지하다 (Parar)
Hacer un viaje: 여행하다 (Viajar)	Hacer ejercicio: 연습하다 (Ejercer)
Hacer las maletas: 여행 가방을 싸다	Hacer ruido: 소음을 내다
Hacer una visita: 방문을 하다(Visitar)	Hacer planes: ~계획하다 (Planear)
Hacer escalas: 경유하다, 중간에 들리다	Hacer la tarea: 숙제하다
Hacer una fiesta: 파티를 열다	Hacer la cama: 침대 정리를 하다
Hacer las compras: 쇼핑하다	Estar de compras 쇼핑 중입니다
Hacer un camping: 캠핑, 야영을 하다	Acampar: 캠핑을 하다

Episodio 1

¡Qué frío!

Cristina:	¿Qué tal estás?
Carmen:	Mal.
Cristina:	¿Mal?
Carmen:	¡Claro! Hace un frío horrible.
Cristina:	Pon la calefacción.
Carmen:	Ah, sí. ¡la calefacción!
Cristina:	¡Qué frío! Mira, ése es mi pueblo. Ahí, nací yo.
Carmen:	¡Qué pueblo!
Cristina:	Es bonito, ¿verdad?
Carmen:	Sí, lo es. Pero, ¡qué frío!
Señora:	¡Hola! Buenos días. Hace frío, ¿eh?
Carmen:	Sí, muchísimo. Póngame un café, por favor. ¡Qué calentito! ¡Qué bien!
Señora:	¿Qué tal estás? ¿Mejor?
Carmen:	Sí, mucho mejor. Gracias.

Visitando a los amigos

Mario:	¡Qué frío hace! La temperatura es de tres grados centígrados bajo cero y la calefacción de nuestro apartamento no funciona.
Pablo:	El técnico viene mañana por la mañana. Es importante arreglar la calefacción pronto porque hace mucho frío y podemos pescar un resfriado.
Mario:	Mi mamá acaba de hablar por teléfono con mi abuelo. Él está en Argentina y dice que allí es verano, que el cielo está despejado y que hace mucho calor.
Isabel:	Pues, en Bogotá, la ciudad donde yo nací, llueve mucho. Allí casi siempre está nublado y el clima es húmedo. También hace

	frío porque la ciudad está a 2.640 metros sobre el nivel del mar.
Mario:	¡Tengo mucho frío! ¿Por qué no vamos al cine del centro comercial? Allí hace calor.
Isabel:	Sí, vamos. Elena, ¿por qué no vas con nosotros?
Elena:	Con mucho gusto.

En la playa, haciendo planes

Pablo:	Ahora se va el sol. Mira, ¡qué nubes!
Isabel:	Ayer hacía calor, hoy hace frío... ¡Qué tiempo!
Pablo:	No hace buen tiempo estos días. Está muy nublado hoy. ¿Por qué no vamos a Busan?
Isabel.	Está muy al sur... ¿No te gustaría ir a aquel restaurante bueno del otro día y comer algo delicioso?
Pablo:	Hombre, a mí también me gustaría, pero no tengo dinero.
Isabel:	¡Cómo que no! Yo todavía tengo. ¡Vámonos!

VOCABULARIO ACTIVO

Horrible	Terrible, Espantoso, Feo	무서운, 무시무시한, 못생긴
Calefacción	Calentador, Chimenea	난방 기구
Pueblo	Aldea / Población, Habitantes	마을, 고을 / 인구, 주민
Frío		추운 (m)추위
Temperatura		온도, 기온
Grado		등급, (몇)도, 온도
Funcionar		작동, 기능하다
Arreglar	Reparar, Limpiar	고치다, 수선하다, 정리하다
Verano		여름
Despejar	Desocupar	치우다, 제거하다, 물러가다
Llover	Lloviznar	비가 내리다. 가랑비가 내리다
Clima	Temperatura, Tiempo	기후, 날씨
Montañas		산

Comercial	Mercantil	상업, 무역의
Nube		구름
Dinero	Riqueza	돈 / 부

KEY WORDS

Calefacción: '난방(기구)'을 의미하는 말로 Calentador '난방기'나 Estufa '난로, 전열기'와 같은 표현입니다.

글쎄 그게 ?..?

Chimenea는 장식용?

벽난로인 Chimenea는 장식용으로 생각하기 쉽지만 단순한 장식용이 아닙니다. 벽난로는 집안의 난방 기구와 같은 기능적인 역할을 합니다. 스페인이나 중남미에서는 현대식 빌딩을 제외하고 일반적으로 단열재를 사용해서 집을 짓지 않습니다. 집을 지을 때 일반 벽돌을 사용하기 때문에 벽과 벽 사이에 단열재들이 들어가는 우리나라와는 많이 다릅니다. 그렇기 때문에 비가 많이 내리는 우기나 남반구의 중남미 국가들 그리고 습기가 많은 스페인 북부지방의 집들은 겨울에 매우 춥습니다. 하지만 집에 따로 난방 기구를 설치하지 않습니다. 난방기구 대신 갖추어져 있는 것이 바로 벽난로인 Chimenea입니다. 날이 추우면 벽난로에 장작과 석탄 등을 넣고 불을 지핍니다. 온 집 안에 퍼지는 벽난로의 따뜻한 온기는 최신식 건물의 무미건조한, 뜨겁기만 한 온풍기 바람과는 비교가 되지 않습니다. 벽난로에서 퍼지는 장작불의 따뜻한 온기와 낭만적인 분위기가 추운 겨울을 나는 그들만의 비법인 셈입니다.

Grado centígrado	섭씨 ~ 몇 도
Centro Comercial	쇼핑센터
✔ ¡Con mucho gusto!	기꺼이 (즐겁게) 해드리겠습니다
¡A la orden! ¡A sus órdenes!	예 알겠습니다.

Episodio 2

❖ Objetos perdidos

■ ¿Un bolso?
○ Sí, señor, un bolso de tela.
■ ¿De qué color es?
○ Marrón.
■ ¿Y cómo cs? ¿Grande o pequeño?
○ Pequeño y nuevo.
■ ¿Es éste?
○ No, el mío es más pequeño y dentro hay una agenda de plástico, una cartera de piel negra y unos pañuelos amarillos.

❖ ¿Quién es?

○ ¿Quién es aquella chica rubia con tejanos?
◆ ¿Cuál? ¿La del jersey rojo?
○ No, hombre, la gordita.
◆ ¡Ah! Es Pepa, la hermana pequeña de Toni.
○ ¿Por qué no me la presentas?

❖ Ropa de caballero...

■ Esa chaqueta azul es bonita.
○ No está mal... ¿Cuál te gusta más esa azul o esta verde?
■ Pues, a mí me gusta más la verde.
○ Sí, a mí también. Entonces, me llevo la verde. También quiero unos pantalones para combinar con esta chaqueta.
▸ ¿Cómo los quiere? ¿De pana, de lana...? Y, ¿de qué color?
■ De lana, y de color negro por favor.

▸ ¿Le gustan éstos?

VOCABULARIO ACTIVO

Perder	잃어버리다
Bolso	지갑, 주머니, 상품거래소
Marrón	갈색, 고동색
Grande ↔ Pequeño	커다란 ↔ 작은
Bastante	상당한, 꽤, 충분한
Agenda / Agenda de plástico	수첩, 메모장 /메모(플라스틱) 수첩
Cartera	(손)지갑
Piel	피부, 가죽
Pañuelo	손수건
Rubia	금발
Tejanos	진, 청바지
Jersey	티, 스웨터
Gorda (gordita)	뚱뚱한
Chaqueta	웃옷, 상의, 재킷
Llevar	가지고 가다
Pana / Lana	코르덴 / 모직, 양모

KEY POINT

¿Cuál es tu color favorito? 좋아하는 색깔은 어떤 것입니까?

Amarillo		노란색
Blanco		흰색
Marrón / Castaño		갈색, 고동색, 밤색
Moreno		황갈색의

Pardo	Cielo pardo 거무스름한 하늘	어두운, 거무스름한
Negro		검은(색)
Rojo / Colorado		붉은 색 / 빨갛게 물든
Rosado		분홍색, 핑크
Anaranjado		오렌지 색, 주황색
Verde		녹색
Azul		푸른색
Azul claro	↔ Marino (Azul oscuro)	하늘색 ↔ 청색, 군청색
Morado, Violeta, Púrpura		보라색
Gris		회색
Dorado / Plateado(a)		황금색 / 은색
Claro / Oscuro		밝은 / 어두운

Amarillo(a)	Blanco	Marrón	Moreno	Negro(a)	Rojo(a)

Rosado(a)	Anaranjado(a)	Verde	Azul	Morado	Gris

APUNTES

Notas culturales de COLOR

Colorado: 붉은, 빨갛게 물든. 붉은색을 뜻하는 Rojo와 같은 의미로 쓰입니다. 밤색이나 갈색, 고동색을 의미하는 Marrón은 여러 곳에서 쓰지만 멕시코를 포함해 커피가 생산되는 곳에서는 Marrón보다 El color café '커피 색'이란 표현을 더 선호합니다. 경우에 따라 나무 색깔을 의미하는 'El color de madera'라고도 합니다. 중남미에서는 사람의 겉모습을 기술하는 경우, 즉 눈동자나 머리색을 묘사할 때는 Marrón을 사용하지 않습니다. 대신 Castaño를 사용합니다. 하지만 스페인에서는 눈동자의 색을 언급할 때 Marrón을 사용하기도 합니다. 일반적으로 Marrón은 사람을 제외한 물건이나 사물의 색상을 표현하는 경우에 많이 사용합니다.

Por ejemplo: Los ojos marrones (X)→ Los ojos castaños, el pelo castaño
lapiz marrón / una pared marrón

✔ 중남미에서 Moreno(a)는 Blanco/Amarillo(Trigueño)/ Negro: 백인 / 황인종/ 흑인처럼 인종의 피부색을 표현하는 경우에 쓰입니다. 하지만 사람의 외모를 표현하는 경우에는 일반적으로 검은색 머리칼(el pelo negro/el pelo oscuro)을 가진 사람을 의미합니다. 스페인에서는 머리 색깔을 말할 때 Moreno(a)를 사용합니다. 이 경우 짙은 갈색(검은색)을 의미하는 Moreno의 반대말 표현은 Rubio(a)입니다. Rubio는 금발을 말하지만 밝은 색 머리칼을 의미하는 넓은 의미로 사용됩니다.

↪ El pelo moreno ↔ El pelo rubio

☹ ¡No me tomes el pelo! 짓궂게 괴롭히지 마, 놀리지 마! (장난치지 마!)

PASATIEMPO

스페인 여행기입니다. 유명 관광 책자에 기술된 내용은 배제하고 개인적인 경험을 바탕으로 간략하게 소개합니다. 발길 닫는 곳에서 원하는 만큼 있고 싶었고 이동의 편리성을 감안해 렌터카를 이용했습니다. 중남부 9개 도시를 주요 관광 포인트로 잡고 도시 간 이동 거리와 시간 등을 배려하여 스페인 국내선 항공편도 한곳을 추가했지만 비용은 철도와 고속버스 대비 크게 차이가 나지 않았습니다. 차량을 빌렸다고 하지만 동행자가 있었기 때문에 비용을 나누어 분담했던 것이 도움이 되었습니다. 숙소는 주요 관광지와의 거리나 교통 편리성 등을 최우선적으로 고려했습니다. 렌터카 때문에 주차장 시설이 있는 곳으로 정하는 곳이 불편했지만 15유로 내외의 이용료를 지불하고 호텔 주차장을 이용했습니다. 근처의 공용 주차장을 이용할 수도 있습니다. 여행 일정은 다음과 같았습니다. 인천공항 → 마드리드(Madrid) → 세고비아(Segovia) → 똘레도(Toledo) → 아랑후에스(Aranjuez) → 꼬르도바(Córdoba) → 세비야(Sevilla) → 론다(Ronda) → 그라나다(Granada) → 바르셀로나(Barcelona) → 인천공항. 그라나다에서 바르셀로나 구간은 이동시간 절약과 체력 비축을 위해 저가 항공사인 부엘링(Bueling)을 이용했습니다. 여행기간은 13박 14일로 정했고 도시 간 이동에는 렌터카, 도시 내의 이동에는 버스와 지하철 그리고 주로 시티투어 관광버스를 이용했습니다.

마드리드의
시티 투어
관광버스

마드리드(Madrid) 관광

이동은 빠르고 짧게, 여행을 잘하는 방법입니다. 너무 많은 곳을 돌아다닐 욕심은 금물입니다. 비용 절감만 강조하다보면 몸이 힘들고 여행 후반에 난처한 상황을 초래할 수도 있습니다. 돈보다는 건강이 우선이고 몸이 편해야 마음도 편해집니다. 시차적응 기간도 고려해야 합니다. 시차 적응에는 최소 3-4일에서 일주일이 걸리기 때문에 처음 도착하는 마드리드에서는 무리한 일정이 바람직하지 않습니다. 마드리드는 시내일정을 길게 잡지 않았습니다. 대표적인 관광 명소를 둘러보는데 오래 걸리지 않기 때문입니다. 주요 관광 지점이 많이 떨어져 있지 않기 때문에 도보로 걸어서 이동이 가능합니다. 하지만 테마 여행으로 언급되는 미술관(프라도, 소피아)들을 자세하게 보고 싶다면 시간을 따로 배려해야 합니다. 그 외에는 주변 관광도시로 유명한 세고비아나 똘레도 그리고 아랑후에스와 같은 근처도시로 가기위한 거점 도시 정도로 생각 하는 게 좋습니다. 세고비아나 똘레도는 일정상 하나만 들리시는 분들도 있지만 각자 나름의 멋이 있어서 꼭 둘 다 가보라고 추천하고 싶습니다. 아랑후에스는 궁전을 관람하는데 많은 시간이 걸리지 않기 때문에 남부지역으로 이동하다가 잠시 들리는 것이 좋습니다.

태양과 정렬의 나라, 스페인의 수도 마드리드.

첫날 관광 포인트: 뿌에르따 델 솔(La puerta del Sol) - 마요르 광장(Plaza Mayor) - 스페인 광장(La plaza de España) - 그란 비아(Gran vía) - 스페인 왕궁(Palacio real) - 시벨레스 광장(Plaza de Cibeles)의 분수와 멋있는 국영 우체국(Correos) 건물까지.

스페인의 관문 마드리드

스페인의 관문 마드리드는 스페인의 정치, 경제, 문화의 중심지입니다. 스페인의 중앙인 중부 내륙 지대에 위치하고 있기 때문에 각 국경과의 거리가 비슷합니다. 당연히 사통팔달, 스페인 각 지역으로 통하는 교통요지이기도 합니다. 마드리드는 해발 646m의 고지대에 위치하고 있기 때문에 쉽게 피곤함을 느끼게 됩니다. 시차 적응 전까지는 여유롭게 움직이는 것이 좋습니다.

마드리드 시내는 크게 세 지역으로 나눌 수 있습니다. 아직도 옛 정취가 많이 남아있

마요르 광장(Plaza Mayor), Puerta del Sol 가는 길

마드리드 경찰

는 구시가지의 중심지인 '뿌에르따 델 솔(La puerta del Sol)' 광장의 주변 지역이 첫 번제입니다. 마요르 광장(Plaza mayor)으로 이어지는 길에는 많은 바(Bar)와 레스토랑들이 있습니다.

전국으로 이어지는 철도역인 '아또차(Atocha)' 역과도 그리 멀지 않고 스페인 왕궁(Palacio real)이나 스페인 광장(La plaza de España)과도 가깝기 때문에 시내 관광의 시작이 되는 곳이기도 합니다. 두 번째 지역은 대표적인 상업 지구인 번화가, 그란비아(Gran vía) 주변 지역입니다. 그란 비아 주변으로는 '꼬르떼 잉글레스(El Corte Inglés)'와 같은 백화점, 쇼핑몰, 극장, 은행 등이 있으며 저녁 시간에는 산보나 쇼핑을 즐기는 사람들로 항상 북적거립니다. 마지막으로 까스떼야나(Castellana) 대로에서 이어지는 신시가지 지역입니다. 주로 주택, 스포츠센터, 관청, 외국공관 등이 모여 있습니다.

마드리드 도착 첫날은 마드리드의 주요 거리인 '뿌에르따 델 솔'(La pucrta del Sol) 거리를 따라 시작했습니다. 공항 도착 시간이 11:30이었고 차량을 렌트 후에 숙소로 이동,

짐을 풀고 나서도 시간이 충분했지만 첫날인 관계로 여유 있게 일정을 짰습니다. 구시가의 중심인 솔 광장(Plaza de Sol) 주변을 보고 저녁시간에 몸 상태에 따라 프라도 박물관을 관람하기로 했습니다. 프라도 박물관의 입장료가 저녁 6시 이후에는 공짜이기 때문에 체력이 허락하면 들리고 그렇지 않으면 저녁을 먹고 쉬는 것으로 정했습니다. 솔 광장에서 국도 기점 지역을 보고 마드리드의 상징인 곰 동상 앞에서 사진을 찍은 후에 마요르 광장으로 향했습니다. 그리고 나서 거대한 박물관 외관 못지않은 웅장한 스페인 왕궁(Palacio real)을 감상했습니다. 근처에 있는 스페인 광장에 가서 유명한 돈키호테와 판초의 동상 앞에서 사진을 찍는 것도 필수 코스입니다. 전부 도보로 이동이 가능한 곳이었기 때문에 큰 무리 없이 생수 한 병을 사서 마시며 천천히 구경했습니다.

숙소 선택의 첫 번째 조건으로 주요 관광 지점과의 접근성을 꼽았는데 그 효과를 톡톡히 보았습니다. 스페인 도착 첫날은 무리하지 않고 프라도 박물관(El Museo del Prado) 관람 대신 그란 비아 거리의 번화가를 구경하고 해가 진후에 다시 마요르 광장으로 나가 저녁을 먹고 편하게 쉬는 것으로 결정했습니다. 그란 비아 거리는 우리의 명동과 같은 마드리드의 쇼핑 명소입니다.

스페인 광장에 있는
돈키호테와 판초 동상

마요르 광장
(La plaza mayor)

그란 비아 거리의 극장

솔 광장(Plaza del Sol) 주변의 상가

그란 비아
(Gran Vía)

가판대
(시티 투어 관광버스
티켓 판매소)

마요르 광장의 동상

스페인 왕궁
(Palacio real)

4

¿Puedo hablar con ...?

솔 광장 거리의 쇼핑센터, Madrid

Se dice así

Llamar por teléfono ...

전화를 사용할 때 알아야만 할 단어와 표현들입니다.

Llamar por teléfono, Telefonear	전화를 하다
Una llamada por cobrar.	수신자 부담전화(콜렉트 콜)
El teléfono celurar(móvil)	이동전화, 핸드폰
La máquina contestador	자동 응답기
Mensaje / Recado	메모, 쪽지
Marcar / Contester, Responder	전화번호를) 누르다 /답하다, 응답하다
¡Dígame!, ¡Diga! ¡Sí!	여보세요 (전화를 받을 때)
¿Está Elena, por favor?	Elena 있나요?
¿Con quién hablo?	누구십니까?
Con Daniel / De parte de Daniel.	다니엘입니다.
Habla Daniel / Soy Daniel.	다니엘이요.
Soy yo.	접니다.
Espere un momento.	잠시만 기다려 주십시오.
Un momento por favor.	잠깐만이요.
Se pone.	바꾸어 드리겠습니다.
Un momento, ya se pone.	잠시 만요, 금방 바꾸어 드리겠습니다.
No es aquí.	여기가 아닌데요.
No le(te) oigo bien / No se oye.	잘 안 들립니다 / 안 들려
¿Me oye(s)?	듣고 있습니까?
Hable más alto(fuerte).	더 크게(세게) 이야기해주세요.
¡No, cuelgue!, por favor.	끊지 마십시오.
¿Quiere dejar un mensaje(recado)?	메시지(메모)를 남겨 드릴까요?
Digale que me llame, por favor.	저에게 전화를 해달라고 말해 주세요.
Vuelvo a llamar más tarde.	나중에 다시 전화하겠습니다.

KEY POINT

¿Está Elena, por favor? Elena 있나요?

누구를 바꾸어 달라는 표현은 다음처럼 여러 형태로 표현할 수 있습니다.

Quiero hablar con Elena, por favor.	Elena와 통화하고 싶습니다.
¿Puedo hablar con Elena?	Elena와 통화할 수 있을까요?
Hola, con Elena por favor.	안녕하세요. Elena좀 부탁드립니다.
Me pone(s) con Elena, por favor.	Elena 좀 바꾸어 주세요.
¿Puede(s) ponerme con Elena?	Elena와 통화할 수 있을까요?

¿Con quién hablo? 누구십니까?

통화하는 상대방의 누구인지 물어보는 표현들입니다.

¿De parte de quién? De (parte de) Daniel.	누구십니까? 다니엘입니다.
¿Quién habla? Habla Daniel.	누구시죠? 다니엘입니다.
¿Quién es? Soy Daniel.	누구시죠? 다니엘입니다.

No es aquí. 여기가 아닌데요.

잘못 걸린 전화라는 표현입니다.

Se equivoca / Está equivocado(a)	착각, 실수 하셨습니다.
Creo que está mal marcado.	죄송하지만 잘 못 거신 것 같습니다.

✔ ¿Tiene teléfono? 전화 있습니까? → 전화번호를 묻는 표현입니다.

El número de teléfono es 2253163. 2253163 → 2 / 25 / 31 / 63

전화번호를 말할 때는 두 자리씩 끊어서 읽어줍니다.

TAMBIÉN SE DICE; PARA CONTESTAR EL TELÉFONO ..

전화를 받을 때 쓰는 '여보세요' '말씀하세요' 표현도 지역에 따라 다릅니다.

Sí, dígame / Diga(me) / Sí	España
Hola	Argentina. Puerto Rico,
Aló	Colombia, Venezuela, Chile.
Bueno	México
Hable	Argentina
Oigo	Urguay

Episodio 1

❖ Al teléfono

▼ ¡Diga!
▲ ¿El señor Gillermo, por favor?
▼ ¿De parte de quién?
▲ De Pedro Rodríquez.
▼ Un momento.

■ ¡Diga!
• ¿Está Felipe?
■ Un momento, ahora se pone.
• ¿Sí?
■ Hola, Felipe.
• ¿Con quién hablo?
■ ¿No reconoces mi voz? Soy José.
• ¿Qué José?
■ José Manuel.

▶ ¡Diga!
○ ¿Está Teresa?
▶ ¿Cómo dice?
○ ¿Teresa Vilas?
▶ No, no, aquí no es.
○ ¿No es el 2362064?
▶ No, no, se equivoca. Aquí es el 2352064.

○ ¿Tiene teléfono?
• Sí. Aquí tiene mi tarjeta. Espere que le anoto el teléfono del despacho.
○ Tenga la mía. Si me necesita, ya sabe dónde puede encontrarme.

¿Puedo hablar con ...?

Sr. Ruiz:	¡Hola!
Diana:	Buenas tardes, señor Ruiz. Soy Diana.
Sr. Ruiz:	¡Ah! Diana, ¿cómo estás?
Diana:	Muy bien, gracias, señor. ¿Puedo hablar con Gloria, por favor?
Sr. Ruiz:	Pues, Gloria no está en este momento. Está en la biblioteca. Regresa más tarde.
Diana:	Dígale que me llame, por favor.
Sr. Ruiz:	Sí, cómo no.
Diana:	Gracias, adiós.
Sr. Ruiz:	Hasta luego.

KEY POINT

명함이나 전화번호, 주소 등을 주고받을 때 쓰는 표현들입니다.

Tome(a), aquí tiene(s) mi tarjeta. Aquí la tiene.	받으세요, 제 명함입니다. 여기 명함이 있습니다.
Tome(a), aquí tiene(s) mi dirección.	받으세요, 제 주소입니다.
Tome(a), aquí está mi teléfono. Aquí lo tiene.	받으세요, 제 전화번호입니다. 여기 제 전화번호입니다.
Tenga mi tarjeta. Si me necesita, ya sabe dónde encontrarme. 제 명함입니다. 필요하면 연락 하십시오. (나를 어디에서 찾을 수 있는지 아니까 필요하다면 전화 하십시오 / 3인칭 간접 명령형 표현.)	
Ten mi teléfono. Si me necesitas, ya sabes dónde estoy. 전화번호입니다. 필요하면 연락주세요. (내가 어디에 있는지 아니까 필요하다면 전화해요 / 2인칭 간법명령형 표현.)	

※ 명령형 표현: 2인칭 Tú에 관한 명령형 표현은 → 직설법 3인칭 단수 현재형
3인칭 Usted에 관한 명령형 표현은 → 접속법 3인칭 단수 현재형

❁❁ 글쎄 그게 ?..?

¿Con quién habla? Vs ¿De quién habla?

¿Con quién habla?	누구와 이야기하고 있니?
¿De quién habla?	누구에 대해서 이야기하고 있니?

두 문장의 차이는 무엇입니까?

의문사의 앞에 있는 전치사에 따라 문장의 의미가 변합니다. 그렇다면 의문사 앞에 오는 전치사들은 어떤 것들이 있으며 또 그 쓰임새는 어떻게 구분하는 건가요?
→ 의문사 앞에 위치하는 전치사의 종류와 그 쓰임새의 구분은 동사에 따라 결정됩니다.

¿Con quién hablo?	Vs	¿Con quién hablas?

→ 같은 전치사라고 해도 Hablar의 동사 변화형에 유의.

'¿Con quién hablo?'는 '누구 십니까? '내가 누구와 이야기하고 있습니까?'라는 ¿Quién es?, ¿De parte de quién?과 같은 표현입니다. ¿Con quién hablas?는 '(너는) 누구와 함께 이야기하고 있는 거니?'라고 상대방에게 물어보는 말입니다.

✔ Hablar con Vs Hablar de: ~와 함께 이야기하다 Vs ~에 대해(관해서) 이야기하다.
전치사의 쓰임새에 유의하여 다음 문장들을 살펴봅시다.

¿Con quién habla?	누구야? 누구랑 이야기하는데?
¿De quién habla?	누구에 대해서 이야기하니?
¿De qué habla?	무슨 말을 하는 거야? ~ 무엇에 대해서, 주제를 물어보는 표현.

APUNTES

❋ 전치사에 유의하여 다음 문장들을 살펴봅시다.

Ir	+	a
Pasar	+	por
Salir	+	de
Llegar	+	a
Entrar	+	en
Volver	+	a

Ella viene a casa y él va a la estación. 그녀는 집으로 오고 그는 역으로 갑니다.

El va a pasar por su oficina. 그는 그의 사무실을 들릴겁니다.

Ahora sale de su casa. 이제 집에서 나갑니다.

Al fin llega a la estación. 마침내 역에 도착했습니다.

Ahora entra en la estación. 지금 역으로 들어갑니다.

Ya vuelve a su casa. 이제 집으로 되돌아옵니다.

PASATIEMPO

여행 둘째 날 : 마드리드 - 세고비아 - 마드리드 (국립 프라도 박물관/미술관)

둘째 날은 아침 식사 후에 세고비아를 관광하고 저녁 시간에 국립 프라도 박물관(El museo nacinal del Prado)을 구경하는 것으로 일정을 짰습니다. 마드리드와 세고비아의 거리는 90km정도, 세고비아는 마드리드 북서쪽에 위치하고 있습니다. 천천히 간다고 해도 차량으로 1시간이면 충분합니다. 세고비아는 '까스띠야 이 레온(Castilla y León)' 주의 수도로서 15, 16세기 스페인 황금시대의 주요 거점 도시였습니다. 이동 시간으로 왕복 2시간 정도를 잡으면 되기 때문에 세고비아 시내를 꼼꼼하게 구경해도 시간은 넉넉합니다. 미술에 관심이 많은 분들 같으면 조금 일찍 돌아와 프라도 미술관으로 향하면 됩니다. 프라도 미술관의 무료 입장시간은 저녁 6시부터 8시까지인데 전부 다 돌아보려면 시간이 부족할 수 있기 때문입니다. 세고비아는 대성당(Catedral)과 디즈니랜드 만화와 영화에 나오는 '백설 공주의 성'으로 유명한 알카사르(Alcazar) 성 그리고 로마 수도교(El acueducto romano)가 있는 곳입니다. 관광 안내소는 로마수도교 옆과 대광장인 마요르 광장에 있으며 기원전에 세워졌다는 로마 수도교를 기점삼아 관광을 시작하면 됩니다. 세고비아 시가지는 수도교 왼쪽에 뻗어 있는 성벽 너머로 펼쳐져 있습니다. 버스 정류장 부근의 패스트 후드점에서 간단히 점심을 먹고 로마 수로를 본 후에 대성당과 '백설 공주의 성'의 무대인 알카사르를 차례로 구경하시면 됩니다. 차량을 이용할 수 없는 경우는 아토차 역에서 열차를 이용하면 됩니다. 시간은 50분내외이고 세고비아 역에서 내려 버스를 타면 관광기점이 되는 로마 수도교 앞에 바로 내릴 수 있습니다. 로마 수도교에서부터는 천천히 언덕길을 따라 오르면서 대성당과 백설 공주의 성으로 유명한 알카사르 등을 구경하면 됩니다. 세고비아 대성당은 규모와 장엄함, 아름다움에서 세비야의 대성당과 비교되는 곳이니 입장료가 있어도 내부까지 꼭 한번 들려볼 것을 추천합니다.

프라도 국립박물관(미술관)은 파리의 루브르 박물관, 영국의 대영박물관과 함께 세계 3대 미술관으로 손꼽히는 곳입니다. 프라도 국립 박물관(Museo Nacional del Prado)은 원래 스페인 왕가의 미술품을 소장하기 위해 지어진 왕실 전용 화랑이었기에 지금도 규모와 질적인 면에서 스페인 최고 수준을 자랑합니다. 뿌에르따 델 솔(Puerta del Sol) 거리에서 동쪽으로 도보 15분 거리에 위치하고 있습니다. 참고로 스페인 왕궁은(Placio real)은 솔 광장 거리에서 반대편으로 15분 정도의 거리에 있다고 생각하면 됩니다. 프라도 미술관에는 8000 여점의 그림이 166개의 전시실에 진열되어 있기 때문에 전 미술관을 감상하는 데에는 거의 반나절 이상이 걸립니다. 꼼꼼히 다 보기는 불가능 합니다. 그렇기 때문에 관심이 있는 작품이나 화가 위주로 선별해서 보는 것이 좋습니다. 무료입장 시간에 들어갔다면 시간이 부족하기 때문에 더 그렇습니다. 프라도 미술관은 주로 고전 화가 중심의 작품들이 많이 진열되어 있고 현대화가의 작품들을 소피아 왕비 국립예술센터 미술관(Museo Nacional Centro de Arte Reina Sofia)에 전시되어 있습니다. '프라도 박물관'의 대표작품들은 바로크 시대를 대표하는 디에고 벨라스케스(Diego Velázquez, 1599-1660. 스페인)의 <궁녀들(Las Meninas)> 과 고야(Francisco Goya, 1746-1828. 스페인)의 <사투르노(Saturno)>를 들 수 있습니다. 그 외에 엘 그레코(El Greco), 루벤스(Rubens) 등의 여러 작품이 있습니다. 1층에는 14~16세기 스페인 회화의 흐름을 보여주는 작품들이 많고, 2층에는 엘 그레꼬, 벨라스케스, 고야 등 명장의 그림 들이 있습니다. 1층은 통과하고 2층의 유명 작가 위주로 관람하는 것도 한 방법입니다. 그래도 시간이 부족할 수 있습니다. 파블로 피카소(Pablo Picasso)의 유명한 그림 게르티카(Guernica)는 이곳이 아닌 소피아 왕비 국립예술센터 미술관에 있습니다. 바르셀로나에 있는 피카소 박물관에는 게르니카가 없다는 것도 참고로 알아두셨으면 합니다.

화~토요일 18:00~20:00, 일요일 17:00~20:00에는 무료로 입장할 수 있으니 저녁 시간을 이용하는 것도 비용을 절약하는 한 방법입니다. 월요일은 휴무이고 관람시간은 화요일~일요일: 09:00 - 20:00까지입니다. 요금은 일반인이 6유로, 만25세 미만 학생은 3유로, 만18세 미만은 무료입니다. 프라도 미술관 홈페이지(http://www.museodelprado.es/bienvenido)에서 입장권을 구입할 수도 있습니다. 지하철을 이용하는 분들은 지하철 2호선 Banco de España 역에서 내리면 됩니다. 솔(Sol) 광장에서 주변 건물들을 구경하면서 도보로 이동이 가능한 거리입니다.

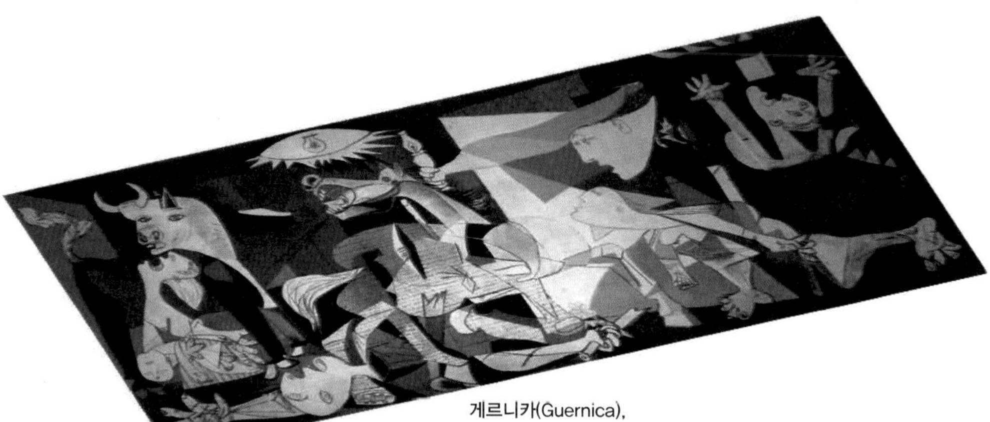

게르니카(Guernica),
Picasso

풍경, 엘 그레코(El Greco)

프라도 박물관 앞의 고야(Goya)동상

프라도 박물관(Museo del Prado)

시녀들(Las Meninas), Velázquez.

세고비아 관광 안내지도

로마 수도교(Acueducto)

로마 수도교 앞의 버스 정류장

세고비아 대성당 (Catedral de Segovia)

대성당 입장 티켓
(3유로)

세고비아 대성당 마을

대성당(Catedral) 뒷면

대성당(Catedral) 내부

알카사르의
포병 교육학교
동상

백설 공주의 성(Alcazar)

5

Arreglar un viaje

Se dice así

❖ En la agencia de viajes ...

여행사에서 쓰는 기본적인 표현들

¿Hay un vuelo para Madrid?	마드리드로 가는 항공편이 있나요?
¿Hay algún vuelo a Madrid?	마드리드 행 항공편이 있나요?
¿A qué hora hay vuelos para Sevilla?	세비야 가는 비행기는 몇 시에 있나요?
Hay uno a las siete de la noche.	저녁 7시에 하나가 있습니다.
Quiero un billete para Madrid.	마드리드 행 티켓을 원합니다.
¿Cuánto vale el pasaje?	비행기 티켓 가격은 얼마입니까?
¿Está completo?	좌석이 꽉찼습니까?
¿Puede ponerme en la lista de espera?	대기 명단에 올려 줄 수 있겠습니까?
¿Tengo que reservar?	예약 해야만 합니까?
¿Puedo cambiar mi reserva?	예약을 변경할 수 있을까요?
Quiero cancelar mi reserva.	제 예약을 취소하고 싶습니다.
¿Cuándo sale el próximo vuelo para Ronda?	론다행 다음 비행기는 언제 출발합니까?
¿Es un vuelo directo (sin escalas)?	직항입니까? (경유지가 없는)
¿Tengo que cambiar de avión?	비행기를 바꾸어야 하나요?
¿Tengo que transbordar el vuelo?	비행기를 옮겨 타야만 하나요?
¿En dónde puedo hacer conexión a Madrid?	마드리드 환승은 어디에서 할 수 있나요?
¿Hay trenes para Bilbao?	빌바오 가는 기차가 있습니까?
Sí, hay tres al día.	예, 하루에 세 편 있습니다.
¿Hay transbordo de tren en Londres?	런던에서는 기차 연결(환승기차) 편이 있습니까?
¿Hay tiempo suficiente para transbordar?	환승하는데 시간은 충분한가요?
¿Cuánto (tiempo) dura el viaje?	여행(시간)은 얼마나 걸립니까?

KEY POINT

¿Cuánto vale el pasaje?

비행기 티켓(Pasaje) 요금을 묻는 표현입니다.

¿Cuánto es la tarifa?	요금은 얼마입니까?
¿Cuánto es(vale) el boleto(tiquete)?	티켓 가격은 얼마입니까?
¿Cuánto es la tarifa a Madrid?	마드리드 행 요금은 얼마입니까?
¿Cuánto cuesta el billete?	비행기 티켓 가격은 얼마입니까?
¿Cuánto vale el billete a Madrid?	마드리드 행 티켓은 얼마입니까?

¿Cuánto tiempo dura el viaje?

여행 시간이 얼마나 되는지를 묻는 표현입니다. Durar, Faltar, Necesitar, Gastar, Tardar 등의 동사를 이용해 다양하게 표현할 수 있습니다.

¿Ha durado mucho el viaje?	여행 시간이 오래 걸리나요?
¿Cuánto (tiempo) falta para llegar a Madrid?	마드리드에 도착하려면 얼마나 남았나요?
¿Cuánto falta para Madrid?	마드리드 까지 얼마나 남았나요?
¿Cuánto necesita(gasta) para Madrid?	마드리드 까지 얼마나 필요하죠?
¿Cuánto se tarda? ¿Cuánto tarda en llegar?	얼마나 걸립니까? 도착하는데 얼마나 걸립니까?
¿Cuánto tarda en llegar a Madrid?	마드리드에 도착하려면 얼마나 걸리나요?

Llegar al aeropuerto a tiempo　정시(각)에 공항에 도착하다
A tiempo / Puntualmente　시간에 맞추어, 정시, 정각에

En el aeropuerto ...

공항에서 쓰는 표현들입니다.

¿Hay un autobús que va al aeropuerto?	공항으로 가는 버스가 있습니까?
¿A qué hora sale el avión?	비행기가 몇 시에 출발합니까?
¿A qué hora despega el avión?	비행기가 몇 시에 이륙합니까?

¿A qué hora llegamos?	우리들은 몇 시에 도착합니까?
¿El avión va a salir a tiempo?	비행기는 정시에 출발합니까?
¿El vuelo va a llegar a tiempo?	비행기는 정시에 도착합니까?
¿Tengo que hacer cola?	줄을 서야만 합니까?
¿Puede guardar el puesto, por favor?	자리 좀 맡아 주시겠습니까?
Tengo mucha prisa.	정말 급합니다.

Tengo prisa: 급합니다.

우리나라 사람들이 외국에 나가면 가장 많이 쓰는 표현입니다. 이것저것 생각이 나지 않는 경우에는 그냥 한 단어, Rápido만 기억하면 됩니다.

¡Rápido, por favor! 빨리 부탁합니다.

Tengo tanta(mucha) prisa.	많이 급합니다
Me corre mucha prisa	정말 급합니다.
Estoy (muy) apurado.	(무척) 급합니다
Dese prisa, por favor.	서둘러 주세요.

¿Puede guardar el asiento(puesto)? 좌석 좀 맡아 줄 수 있겠습니까?

Guardar; 지키다, 보호하다, 지켜 주다(Cuidar, Conservar).
좌석이나 자리를 의미하는 단어로는 Asiento, Lugar, Puesto, Cupo 등이 있습니다.

¡Cuidado!

Guardar el equipaje(la maleta): '여행 가방을 보관하다, 짐을 맡아주다'에 쓰이는 표현입니다. 공항에 있다보면 모르는 사람이 부탁하는 짐은 절대로 맡아 주지 말라는 안내 방송이 많이 나옵니다. 공항이나 낯선 장소에서는 남의 짐을 맡지 않는 것이 상식입니다. 맡아 달라는 부탁도 하지 않는 것이 여행의 기본 에티켓입니다. 짐을 잠시 맡기는 표현은 잘 아는 사람에게 쓰는 것이 좋습니다. 대신 자리부탁은 얼마든지 가능하겠죠. 잠시 자리를 맡아 달라는 표현은 Equipaje 대신 Lugar나 Puesto를 쓰면 됩니다.

→ ¿Puede guardar este lugar?
이 자리 좀 맡아 줄 수 있나요?

FACTURANDO LAS MALETAS
: 여행가방 (위탁 수하물로) 붙이기

↪ Hacer las maletas : 가방(짐)을 싸다.

탑승 항공권

Episodio 1

Arreglar un viaje...

María Luisa está en una agencia de viajes para arreglar un viaje a las Islas Galápagos. Ella habla con Jorge, su agente de viajes.

Jorge: ¿Cuánto tiempo piensa quedarse en las islas?

Luisa: Me gustaría pasar una semana allí. Quiero viajar en avión desde Quito. ¿Cuánto cuesta un boleto de ida y vuelta?

Jorge: Cuesta 615.000 sucres si Ud. viaja el sábado en la mañana.

Luisa: Está bien.

Jorge: ¿Desea que le haga una reservación de hotel también?

Luisa: Sí, por favor.

Jorge: Entonces, le hago las siguientes reservaciones: el avión sale de Quito a las islas el sábado 13 y seis noches de reservación en el hotel de la isla Santa Cruz.

Luisa: Perfecto. Muchas gracias.

Jorge: No hay de qué. ¿Cómo le gustaría pagar?

Luisa: Con tarjeta de crédito... por favor.

De luna de miel

Elena y Emilio van a la agencia de viajes para hacer reservaciones para un viaje...

Marta: Emilio, Elena, ¡qué sorpresa verlos en la agencia!

Emilio: Queremos hacer reservaciones para nuestra luna de miel. Deseamos tomar un crucero. Lo queremos hacer al Caribe, por una semana.

Marta: La compañía Nobleza tiene una rebaja muy buena. ¿Prefieren un camarote interior o con vista al mar?

Emilio: Lo preferimos interior porque es más barato.

Marta: Tengo un viaje perfecto. El precio es de 1.200 dólares por persona. Incluye el pasaje de avión, el transporte, el camarote y todas las comidas. ¿Quieren ver el folleto?

Elena: Sí, ¿Cuál es el itinerario?

Marta:	Lo tengo en este folleto. Miren, el crucero dura ocho días. Van a volar a Miami. Los recogen en el aeropuerto y los transportan al muelle para embarcarse. El barco se llama "La Nobleza del Pacífico" y los lleva a la República Dominicana, a Santo Tomás y a Puerto Rico. Allí desembarcan y los trasladan al aeropuerto.
Elena:	Lo tomamos. Por favor, Marta, ¿puedes hacer reservaciones para el 20 de Junio?
Marta:	Con mucho gusto. Yo las hago hoy mismo y los llamo en cuanto las confirme la compañía Nobleza.

VOCABULARIO ACTIVO

Agencia / Agente	대리점(지점, 영업소)/대리, 중개인
Arreglar	정리, 정돈하다, 고치다 수선하다
Boleto (Entrada)	티켓
Reservación / Reserva	예약
Siguiente (Próximo)	다음의, 다음에 계속하는
Pagar ↔ Cobrar	지불, 계산하다
Sorpresa / Asombro, Susto	놀라움
Crucero	사거리, 크루즈 여행
Compañía	회사
Camarote	선실
Vista	시력, 시각, 전망
Folleto (Catálogo)	소책자, 팜플랫
Itinerario	여정, 여행 스케줄
Durar / Continuar, Seguir	계속, 연속하다
Transportar m) Trasnporte	운송, 운반하다. 옮기다 m)운송, 수송
Trasladar	옮기다, 이동시키다
Embarcar(se) ↔ Desembarcar	태우다, 싣다, 선적하다
Nobleza	귀족(계급), 고귀함
Pacífico	m) 태평양 / 고요, 조용한, 평화로운
Confirmar (Asegurar, Comprobar)	확인, 확증하다
Claro	분명한, 확실한 (색깔이)밝은
↪ Evidente, Indudable, Patente	분명한, 의심할바 없는, 명확한(뚜렷한)
Usar (Utilizar)	사용, 이용하다

KEY WORDS

- **Pensar:** 생각하다. 인지동사로 뒤에 동사가 오는 경우에는 부정사(동사 원형)를 쓰고 뒤에 명사(구)가 오면 전치사 en을 써야만 합니다.

Pensar		+ 동사원형
Pensar	en	+ 명사 (명사구)

Pienso viajar a España este invierno. 이번 겨울에 스페인으로 여행을 할 생각이다.
Pensaré en tí para siempre. 영원히 너를 생각할 것이다.

- **Boleto:** 운송 수단의 티켓이나 공연 입장권을 말합니다. 표나 티켓, 승차권이나 입장권은 종류에 따라 여러 단어들이 사용됩니다.

비행기 표	Pasaje, Billete, Boleto, Tiquete
공연)입장권 / 관람권	Entrada, Boleto
열차, 버스표	Boleto, Tiquete

- **Siguiente:** 다음의

- **Próximo:** 계속된, 연결된 Sucesivo: 연결된, 뒤를 잇는 Consecutivo: 연속된, 뒤를 잇는, 결과를 나타내는.

- **Arreglar:** 정리, 정돈하다, 고치다. 동의어로 쓰이는 단어들입니다.

Limpiar	깨끗이 하다
Ordenar	정돈하다
Sistematizar	체계화 하다, 정돈하다
Resolver	해결하다
Reparar	고치다, 수선하다
Componer	구성, 조립, 작문하다

- **Vista:** Ver의 과거분사 형태로 명사로 쓰였습니다. 경치, 전망이란 의미로 쓰였지만 시력이란 뜻도 가지고 있습니다.

  Paisaje 풍경(화), 경치
  Panorama 구경거리, 전경
  Espectáculo 흥행(쇼), 광경

  ↪ Tengo (muy) mala vista. 나는 시력이 매우 나쁩니다.
  Hay que cuidarse más la vista. 시력에 더 신경 써야(주의를 해야) 해.

↪ Vista corta: 근시 Vista cansada: 원시(노안)

☺ Luna de miel : 신혼여행.

KEY POINT

¿Desea que le haga una reservación de hotel también?

'Desear + que + 접속법' 구문 형태입니다. 소망동사인 Desear로 이어지는 복문인 경우 que 이하의 종속절에는 접속법을 씁니다. 단문인 경우에는 Desear 뒤에 동사원형을 써야 합니다. ↪ Deseo ver a su novio. 그의 애인이 보고 싶다.

감정표현(소망, 희망, 허용, 명령, 금지) 동사	+ 동사원형
감정표현(소망, 희망, 허용, 명령, 금지) 동사	+ que + 접속법.

No hay de qué = De nada. 천만에요. 별 말씀을요.

En cuanto: ~ 하자마자 = Tan pronto como

En cuanto llegó nos pusimos a trabajar. 그가 도착하자마자 우리는 일을 했다

En cuanto llegues me llamas. 도착하는 대로 내게 전화해라.

※ En cuanto a : ~ 대해서, 관하여 (Sobre ~ / Con respecto a ~ / Trata de ~)

APUNTES

Las palabras básicas en el proceso de viaje

여행에 필요한 기본적인 단어들

Viajar / Hacer un viaje		여행 / 여행을 하다
Hacer la maleta		가방(짐)을 싸다
Subir al (coche, avión, tren..) Tomar el vuelo 273 Abordar el vuelo/ Embarcar (el barco)		차, 비행기, 기차)에 오르다. 타다 273 항공편을 택하다(타다). 비행기에 탑승하다 / 배에 오르다(선적하다)
Bajar del (coche, avión, tren..)		차, 비행기, 기차)에서 내리다
Facturar Chequear Documentar	el equipaje	(짐) 가방을 붙이다. 위탁 수하물로 보내다
Hacer cola		줄을 서다

Hacer escala / con escala de ~	경유하다 (들리다) / ~ 을 경유하여
Con destino a ~	~ 행, ~ 을 목적지로 하는
Sacar (Tomar/Hacer) fotos	사진을 찍다
Estar (Ir) de vacaciones	휴가중이다 (휴가를 가다)

✔ Facturar : Chequear, Documentar, Mandar, Enviar (las maletas - los equipajes)

화물을 맡기다(위탁하다), 화물(짐, 여행가방)을 붙이다, 탁송 수화물로 하다. 청구하다.

f) Factura 송장, 명세서, 계산서(Cuenta), 영수증(Recibo),

☞ Receta 처방전(Prescripción médica), 요리법, 조리법(음식 만드는 법).

☞ Comprobante 위탁수하물 증명서, 수하물 영수증(확인증)

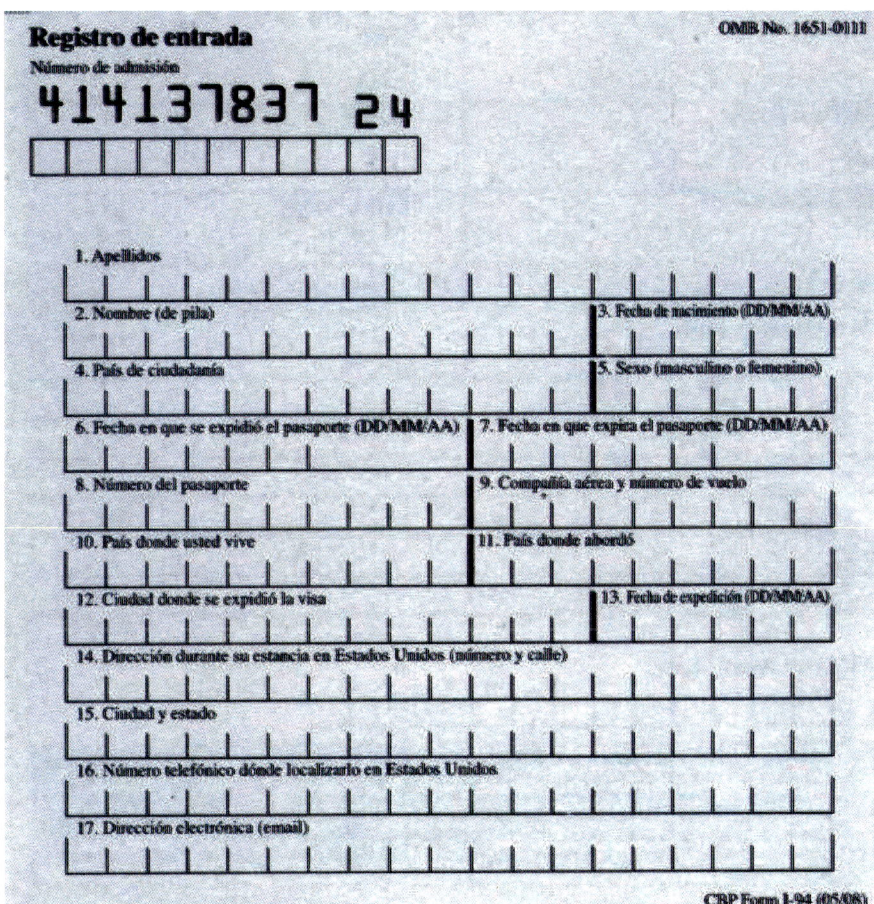

Registro de entrada OMB No. 1651-0111

Número de admisión

414137837 24

1. Apellidos
2. Nombre (de pila)
3. Fecha de nacimiento (DD/MM/AA)
4. País de ciudadanía
5. Sexo (masculino o femenino)
6. Fecha en que se expidió el pasaporte (DD/MM/AA)
7. Fecha en que expira el pasaporte (DD/MM/AA)
8. Número del pasaporte
9. Compañía aérea y número de vuelo
10. País donde usted vive
11. País donde abordó
12. Ciudad donde se expidió la visa
13. Fecha de expedición (DD/MM/AA)
14. Dirección durante su estancia en Estados Unidos (número y calle)
15. Ciudad y estado
16. Número telefónico dónde localizarlo en Estados Unidos
17. Dirección electrónica (email)

CBP Form I-94 (05/08)

출입국 신고서

PASATIEMPO

세 째날: 마드리드 - 똘레도(Toledo) - 소피아 왕비 국립 예술센터 미술관(Museo Nacional Centro de Arte Reina Sofia) 또는 산 미겔 시장(Mercado de San Miguel) - 하몬 박물관(El museo de Jamón)

똘레도 시티투어 관광버스와
쏘꼬도베르(Socodover)
광장의 관광열차

사원 시계탑, Toledo

오늘은 고즈넉한 중세의 도시 똘레도를 방문하는 날입니다. 까스띠야 만차(Castilla - Mancha) 주의 주도이자 스페인의 옛 수도인 똘레도는 마드리드에서 남쪽 방향으로 90Km에 위치합니다. 세고비아처럼 차량으로 1시간 정도 잡으면 충분합니다. 아침을 먹고 나서 천천히 출발해도 작은 소도시이기 때문에 꼼꼼하게 구경을 하고도 오후 늦은 기간을 넉넉하게 활용할 수 있습니다. 단지 도시 전체가 엘 그레코(El Greco)의 그림처럼 매우 아름답기 때문에 돌아오기가 싫어서 문제입니다. 타호 강(El río Tajo)으로 둘러싸인 똘레도는 유럽에서 가장 오래되고 역사적인 도시 가운데 하나로 도시 전체가 유네스코가 지정한 세계 관광 문화유산으로 등록되어있습니다. 도시 전체가 그 자체로 박물관이자 거대한 미술관이라 할 정도로 유적이 많습니다. 로마 지배 후 6세기에 접어들어 서고트의 수도로 번성한 똘레도는 기독교, 유대교, 이슬람교의 양식이 그대로 남아 있는 세 가지 색깔을 가진 문화의 도시, 유적 도시의 대표적인 곳입니다. 우리에겐 그리스의 천재 화가인 엘 그레코가 톨레도의 아름다움에 반해 여생을 보낸 곳으로 유명하지만 스페인 현대사에 있어서도 한 획을 긋는 중요한 도시입니다. 1936년 스페인 내전 때 프랑코 장군 휘하의 국민전선 측이 인민 전선측에 대항해 똘레도의 알카사르(Alcazar) 성을 도피처로 사용하여 최후의 방어막을 치고 결국 이겨냄으로서 프랑코 40년 정권의 시금석이 되기도 한 곳이기 때문입니다. 똘레도는 아름다운 대사원과 절벽사이로 흐르는 기묘한 타호 강이 도시 전체를 둘러싸고 있기 때문에 빼어난 절경으로도 유명하지만 동시에 난공불락의 천연요새이었습니다. 알카사르는 스페인 내전의 상징과도 같은 장소인 것입니다.

타호(Tajo) 강가의 똘레도(Toledo) 전경

똘레도 대성당(Catedral) 전경

알까사르(Alcazar), Toledo

똘레도 비사그라 문

톨레도의 특산품으로는 정교한 금은 세공장식으로 만들어진 금은세공 상감이 유명합니다. 도시 관광 열차인 소꼬뜨랜이 출발하는 곳으로 알려져 있는 소꼬도베르(Plaza de Socodover)광장을 기점으로 톨레도의 대성당, 알카사르 등을 구경하고 엘 그레코의 집을 들린 후에 다시 도시 외곽으로 빠져나와 타호강으로 둘러싸여 있는 톨레도 시 전체를 바라보는 느낌은 형용할 수 없을 정도로 아름답습니다.

똘레도 여행은 마치 중세의 고도로 시간여행을 떠난 것 같은 느낌입니다. 한 폭의 그림처럼 마음속에 남아 소중한 추억으로 기억 될 것 같습니다. 똘레도는 먹을거리 특산품인 마사빵(Mazapan)으로도 유명합니다. 소꼬도베르 광장 주변으로 마사빵을 파는 곳이 많지만 많이 달기 때문에 추천하고 싶지는 않습니다. 소꼬트렌을 타게 되면 오른쪽에 앉는 것이 도시전경을 보는데 편합니다. 따로 7번 버스를 타고 빠라도르(Parador)에 들려 차 한 잔을 마시면서 톨레도의 전경을 바라보는 것도 운치가 있습니다.

똘레도
기념품 가게

톨레도의 전경을 가장 잘 볼 수 있는 곳이 국영호텔 빠라도르입니다. 빠라도르에서 숙박을 안 해도 호텔 레스토랑에서 커피나 음료를 마시면서 똘레도 전경을 바라보는 것도 색다른 경험이 될 것입니다. 빠라도르로 가는 버스는 소꼬도베르 광장 근처에 있지만 운행시간 간격이 너무 길기 때문에 경우에 따라선 택시를 타는 것도 괜찮을 것 같습니다. 소꼬도베르 광장에서 빠라도르까지 10유로 정도면 충분합니다. 두 세명이라면 말할 것도 없이 택시를 추천합니다. 빠라도르에서 택시를 불러달라고 해도 되고 터미널까지도 15유로 정도면 됩니다. 렌터카를 이용했다면 굳이 빠라도르를 갈 필요도 없습니다. 빠라도르가 위치한 타호 강변 외곽도로 쪽으로 군데군데 전망대가 있으니 그 곳에 차를 세우고 여유있게 도시 전경을 구경하면 됩니다. 특히 석양 무렵의 똘레도 전경은 스페인 여행 최고의 선물이었습니다. 스페인을 가셨다면 꼭 똘레도를 들려보았으면 합니다.

똘레도 관광 후에는 하몬 박물관을 찾아 저녁 식사를 해도 좋고 식사 시간이 이르다면 먼저 소피아 왕비 미술관을 관람한 후에 늦게 저녁 식사를 하는 것도 괜찮습니다. 소피아 왕비 국립 예술센터 미술관은 화요일은 휴무이고 저녁 7시부터 9시까지는 무료입니다. 지하철을 이용한다면 1호선 아또차(Atocha) 역에서 하차하면 되고 프라도 미술관에서 도보로도 가까운 거리입니다. 국립 소피아 왕비 국립 예술센터 미술관 역시 평소에 관심 있는 화가와 작품 위주로 관람하는 것이 좋습니다. 피카소의 '게르니카', '푸른 옷의 여인'과 후안 미로 그리고 달리의 '등을 돌려앉은 소녀' 등의 유명 작품들을 선택해서 보는 것을 추천합니다. 똘레도에서 돌아오는 시간대에 따라 시간적인 여유가 있다면 마요르 광장(Plaza Mayor) 서쪽에 위치한 산미겔 시장(Mercado de San Miguel)을 둘러보시는 것도 괜찮습니다. 먹을거리 위주이긴 하지만 우리나라의 남대문 시장과 같은 곳이라고 생각하면 됩니다. 돼지 뒷다리를 생으로 소금에 절여 숙성시킨 맛있는 하몬(Jamón-스페인 햄)으로 유명한 하몬 박물관(Museo del Jamón)은 그냥 다양한 종류의 맛있는 햄을 파는 식당이라고 생각하시면 됩니다. 스페인에 가셨다면 하몬을 맛보셔야 합니다. 맛은 비릿한 게 아주 짭니다. 그냥 먹지 말고 치즈와 더불어 술안주로 먹으면 그런대로 먹을 만합니다. 딱딱한 바게트 빵 안에 넣고 보까디요(Bocadillo -스페인 샌드위치)로 만들어 먹어도 괜찮습니다. '보까디요'안의 하몬이 먹을 만하다고 생각되면 그리고 이 맛이 별미라고 생각된다면 이제 스페인 사람이 다 됐다고 생각하면 됩니다.

소피아 왕비
국립 예술 센터

소피아 왕비
국립예술 센터
안내도

산 미겔 시장
(mercado de san miguel)

'하몬 박물관'의 하몬(Jamón)

6

En el aeropuerto 'El Dorado'...

Se dice así

En la inmigración y la aduana
입국 심사 그리고 세관에서

¡Bienvenida!	환영합니다!
Adelante / Pase	앞으로 오세요 / 통과 하세요
(El) Siguiente	다음 (사람)
La aduana / Declaración	세관 / 과세물품 신고
Su pasaporte, por favor.	여권 좀 보여 주십시오.
Aquí está. (mi pasaprte) / Aquí lo tiene.	(제 여권이) 여기 있습니다.
¿Es la primera vez que ha visitado?	처음 방문입니까?
¿Cuánto tiempo va a quedarse aquí?	여기에 얼마나 머물 겁니까?
Me quedaré una semana.	일주일 머물 겁니다.
¿Dónde se aloja (te alojas)?	어디에서 숙박을 할 겁니까?
¿Qué hace usted?	어떤 일을 하십니까(직업)?
(Estoy aquí) De vacaciones.	휴가차 왔습니다.
Estoy en viaje de negocios.	사업차 방문입니다.
¿Cómo? Lo siento, no comprendo.	예? 죄송하지만, 이해 못하겠습니다.
Necesito un intérprete.	통역이 필요합니다.
¿En dónde puedo encontrar mi equipaje?	어디에서 짐을 찾을 수 있습니까?
¿Dónde están los carritos de equipaje?	가방을 옮기는 카트는 어디에 있습니까?
¿Tiene usted algo que declarar?	(세관) 신고할 물품을 갖고 있습니까?
No tengo nada que declarar.	아무것도 신고할 것이 없습니다.
¿Se puede pasar?	지나가도 되나요?

KEY POINT

Su pasaporte, por favor.

여권을 보여 달라는 ¿Me deja(permite) ver su pasaporte?의 줄임말 표현입니다.

¿Es la primera vez que ha visitado?

Visitar 대신에 Venir를 써서 물어볼 수도 있습니다.

¿Es la primera vez que viene? 처음 오시는 건가요?

¿Cuánto tiempo va a quedarse aquí?

얼마동안 머물 생각인지 체류기간을 물어보는 표현입니다. 다음표현으로 대신할 수도 있습니다.

¿Cuánto tiempo piensa estar aquí?	여기에서 얼마 동안 있을 생각입니까?
¿Cuánto tiempo va a pasar allí?	그곳에 얼마나 있을 겁니까?
(Me quedaré) Un par de días.	이삼일 정도 있을 겁니다.

Alojar(se); 숙박을 하다. Hospedarse를 쓸 수도 있습니다.

¿Dónde se hospeda? 어디에 묵습니까?

¿Qué hace usted?

'하는 일'을 물어보는 표현으로 ¿A qué se dedica(te dedicas)? 종사하는 일이 무엇입니까? 또는 ¿Cuál es su ocupación(profesión)? '직업이 어떻게 됩니까?'라고 물어볼 수도 있습니다. 학생이면 Soy estudiante, 단순한 관광객이면 'Soy turista.'라고 대답하면 됩니다.

¿Cómo? no comprendo.

No entiendo / No entendido와 같은 표현입니다. 상대방이 하는 말을 제대로 이해하지 못했을 때 쓰는 표현입니다. '당신이 하는 말을 이해 할 수 없다'고 표현할 때나 도움이 필요할 때는 다음과 같은 표현들을 쓰면 됩니다.

No puedo entender lo que Ud. está diciendo.	당신이 지금 하는 말을 이해할 수 없습니다.
¿Hay alguien que hable coreano?	한국어를 하는 사람이 없나요?
¿Hay alguien que puede hablar inglés?	영어를 할 수 있는 사람은 없습니까?
Necesito alguien que puede hablar español.	스페인어를 할 수 있는 사람이 필요합니다.
Necesito un intérprete.	통역이 필요합니다.

¿En dónde puedo encontrar mi equipaje?

여행 가방이나 짐을 찾을 때 쓰는 표현입니다. 다음은 위탁 수하물을 찾을 수 없는 경우나 잃어버린 경우에 필요한 표현들입니다.

No puedo encontrar mi equipaje.	제 짐을 찾을 수가 없습니다.
Mis maletas se han perdido. ¿Qué hago yo?	가방을 잃어버렸습니다. 어떻게 하죠?

No tengo nada que declarar.

세관에 과세 물품신고를 할 필요가 없는 경우에 하는 말입니다. 가끔 짐 검사를 하다가 세관원이 '이것이 무엇입니까?(¿Qué es esto?)'라고 물어보면 그냥 개인물품이나 선물이라고 대답하면 됩니다.

Es de mi uso personal.	제가 사용하는 개인 물품입니다.
Es un regalo para mi madre.	어머니 선물입니다.

¿Se puede pasar?

Se puede는 상대방의 허가나 허락을 구하는 표현입니다.
'¿Puedo pasar? 지나가도 되나요?' 와 같은 표현입니다.

¿Adónde ... el boleto?
공항 교통편 이용과 티켓 판매소에서...

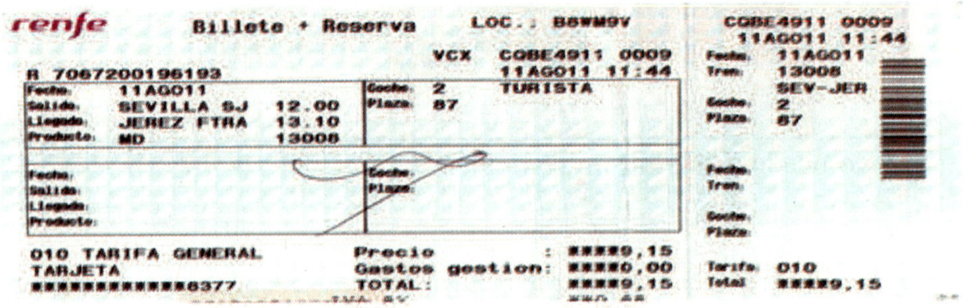

¿Cómo puedo ir al aeropuerto?	공항은 어떻게 갈 수 있습니까?
¿Se puede ir en autobús?	버스로 갈 수 있나요?
¿No puedo ir en autobús?	버스로 갈 수는 없나요?
¿Hay algún autobús para el aeropuerto?	공항으로 가는 버스가 있습니까?
¿Cuántas veces pasa el autobús al día?	하루에 버스가 몇 번 있나요?
¿A qué hora sale el primer autobús?	첫 번째 버스는 몇 시에 출발합니까?
¿Cuándo llega el próximo autobús?	다음 버스는 언제 도착하나요?
¿A qué hora es el último autobús	마지막 버스는 몇 시입니까?
¿Este autobús va al centro?	이 버스는 시내로 가나요?
¿Va al palacio de Alhambra?	알함브라 궁전 가나요?
¿Cuál es la próxima estación?	다음 정거장(역)은 어디 입니까?
¿Cuánto tiempo va a parar aquí?	여기에 얼마나 정차합니까?
¿En qué parada me bajo?	어느 정류장에서 내려야 합니까?
¿Dónde puedo comprar el billete?	표는 어디에서 살수가 있습니까?
Perdón, dónde está la taquilla?	죄송하지만 티켓 판매소가 어디에 있습니까?
¿Cuál es el billete más barato para Ronda?	론다로 가는 가장 싼 표는 무엇입니까?
Un tiquete redondo para Ronda, por favor.	론다 행 왕복 티켓 부탁드립니다.

KEY POINT

¿Se puede ir en autobús? 버스로 갈 수 있나요?

택시로 가고 싶으면 ¿Se puede ir en taxi?

¿Para ir al aeropuerto, tengo que tomar un taxi? 공항에 가기 위해서는 택시를 타야만 하나요?

택시를 이용하는 경우에 자주 쓰는 표현들입니다.

¿Dónde está la parada de taxi?	택시 정류장은 어디인가요?
¿Dónde puedo tomar un taxi?	택시를 어디에서 탈 수 있나요?
¿Está libre (taxi)?	빈 택시인가요?
¿Cuántas personas caben en este coche?	이 차에는 몇 명이나 들어갑니까?
¿Caben cinco personas?	다섯 명이 탈 수 있습니까?
¿Caben estas maletas?	이 짐들이 들어가나요?
¿Puede llevar a cinco personas?	다섯 명을 데려다 줄 수 있습니까?
A esta dirección, por favor.	이 주소로 부탁드립니다.
Por favor, lléveme al aeropuerto.	공항까지 데려다 주십시오.
¿Cuánto (me) cobra?	(요금이) 얼마 입니까?

목적지까지 대려다 달라는 표현은 Llevar 동사를 쓰거나 간단하게 '목적지 + por favor'를 사용하면 됩니다.

La terminal de buseta, por favor.	버스 터미널 부탁드립니다.
La estación de ferrocarril(metro), por favor.	기차(지하철)역 부탁합니다.
La taquillla	(표, 티켓) 판매소

좌석에 관한 표현들입니다.

¿Está libre(ocupado) este asiento?	이 좌석은 비었습니까(찼습니까)?
¿Está completo el puesto?	자리가 다 찼나요?
¿No hay lugar(cupo/plaza)?	자리가 없습니까?

¿En qué parada me bajo?

내릴 정류장을 잘 모를 때 쓰는 표현입니다. 목적지를 잘 모르거나 내릴 때 쓰는 표현들입니다.

¿Puede avisarme cuando lleguemos a Ronda?	Ronda에 도착하면 제게 알려줄 수 있나요?
Aquí, ¿puedo bajar?	여기요, 내릴 수 있나요?
¡Quiero bajarme!	내리고 싶습니다.
Por aquí, por favor.	여기 부탁드립니다.
Para aquí.	여기요.

Episodio 1

En el aeropuerto . . .

Agente: Buenos días, ¿Adónde viaja Ud. hoy?
Pasajero: Viajo a Cartagena, en el vuelo de las ocho.
Agente: Lo siento mucho, pero ese vuelo está cancelado. Si quiere, puede tomar el vuelo de las nueve y media.
Pasajero: Pero... es que tengo que estar en Cartagena antes del mediodía.
Agente: No se preocupe. El vuelo de las nueve y media solo hace una escala y llega a Cartagena antes de las doce.
Pasajero: Está bien. Cámbieme el pasaje para las nueve y media.
Agente: ¿Prefiere asiento con ventanilla?
Pasajero: Sí, cómo no.
Agente: Su asiento es el 23F. El vuelo sale por la puerta 5B. Favor de abordar quince minutos antes. Buen viaje y que le vaya bien.
Pasajero: Gracias. Muy amable.

Un vuelo anulado

Señor: He perdido mi vuelo a Sevilla. Pasé media hora en un embotellamiento en la autopista.
Agente: Pero Ud. no ha perdido su vuelo.
Señor: ¡Qué suerte! ¿No ha salido todavía? ¿Hay un retraso?
Agente: Se ha anulado el vuelo a causa de un problema mecánico.
Señor: ¿Cuándo sale el próximo vuelo?
Agente: Hay otro vuelo que debe salir a las trece y veinte, pero están proyectando una demora de dos horas.
Señor: ¿Debido a qué? ¿Otro problema técnico?
Agente: No, es que está haciendo muy mal tiempo en Sevilla y habrá demoras a causa del control de tráfico aéreo.
Señor: Creo que voy a tomar el tren. ¿Puede Ud. devolverme lo que pagué por el billete?
Agente: Sí, ¡cómo no! ¿Ud. lo pagó con tarjeta de crédito?
Señor: Sí.
Agente: Entonces le daré una ficha de reembolso y el monto será deducido

	de su cuenta.
Señor:	Gracias, pero tengo mucha prisa. Mi agente de viajes lo hará.
Agente:	De acuerdo.
Señor:	¿Dónde puedo tomar un taxi?
Agente:	Al salir de la terminal, Ud. verá a mano izquierda una parada de taxis.

VOCABULARIO ACTIVO

Vuelo		항공기, 비행기
Mediodía.	↔ Medianoche	정오 ↔ 자정
Escala		사다리, 단계, 기항지
Asiento	Tomar asiento	좌석, 자리에 앉다
Cambiar	Convertir (en)	변경하다, 바꾸다
Pasaje		표 (비행기 티켓)
Ventanilla		창문
Abordar / Embarcar		탑승하다 / 승선, 선적하다
Amable	↔Antipático, Desagradable	친절한 ↔ 불친절한
Perder	↔Tomar	잃다, 놓치다
Autopista		고속도로
Proyectar		계획, 설계하다, 방출하다
La demora / El retraso	Demorar, Retrasar	연기. 연기되다, 늦어지다
Mecánico, Técnico		기계의, 기술적인
Anular	Cancelar	취소하다
Causa	Motivo, Razón	이유, 원인
Control	Control de tráfico aéreo.	통제, 조정. 항공 교통관제
Devolver		되돌려주다
Ficha		카드, 기록지
Reembolsar	(m) Reembolso	환불, 상환하다 (m)환불, 상환
El monto		총액
Deducir	Restar algo	빼다, 감하다
Cuenta		(은행) 계좌

Indicar	Marcar	표시하다, 지적하다
Terminal		터미널

KEY WORDS

Tomar el vuelo: 비행기를 타다.

'선별해서 고른다, 골라서 탄다'는 의미이면 Coger를 쓰는 것이 좋습니다.

Abordar el avión : 탑승하다, 비행기에 오르다. Embarcar: 승선하다

↔ Perder el vuelo(autobús, tren..) : 비행기(버스, 기차..)를 놓치다. 타지 못하다.

En seguida : 즉시, 곧바로(Inmediatamente), 지금 당장(Ahora mismo)

곧, 갑자기(De pronto)

A tiempo : 정각에, 정시에(En punto), 정확하게, 시간에 맞추어(Puntualmente)

Debido a ~ : ~ 때문에, ~ 의 이유로 해서

A causa de	~ 의 이유로, 원인 때문에
Por motivo de	~의 동기, 원인 때문에
Gracias a	~ 덕택에

KEY POINT

¿Quiénes hay en el aeropuerto?

공항에서 승객들의 편의를 돌보는 사람들입니다.

El(la) pasajero(a) Nombres del pasajero El pasajero de tránsito	승객 승객 이름 환승객, 통과 승객
El(la) agente (El agente de viajes) La agencia de viajes	여행사, 항공사 직원 여행사
El(la) asistente de vuelo La azafata	항공기 승무원(보조원) 스튜어디스
El maletero, El mozo	짐꾼, 포터

❖ Señales de aeropuerto
공항 편의 시설 안내

Salidas(Partidas) ↔ Llegadas	출발 ↔ 도착
La aerolínea doméstica(nacional) La aerolínea internacional	국내선 국제선
Salidas nacionales / internacionales Llegadas nacionales / internacionales	국내선 출발 / 국제선 출발 국내선 도착 / 국제선 도착
Recojida de equipajes	수하물 찾는 곳
Entrada ↔ Salida (de emergencia)	입구 ↔ (비상) 출구
Puerta / Sala de espera	탑승구 / 대기실
Tránsito / Pasajeros de tránsito	환승 / 환승객
Pagos de Tasas	공항세
Cajero Automático	ATM(현금 자동 인출기)
Cambio de moneda / Casas de cambio	환전 / 환전소
Aduana	세관
La tienda libre de impuestos	면세점
Puesto de Socorro	의무실(First - Aid)

APUNTES

En el mostrador del aeropuerto
공항의 탑승 카운터에서 사용하는 단어들입니다.

El avión /el vuelo		비행기/항공편	
El pasaporte / Documentos		여권 / 신분서류	
El pasaje El boleto El billete / El tiquete	sencillo, sólo de ida de ida y vuelta redondo	티켓	편도 티켓 왕복 티켓 왕복 티켓
Tarjeta de embarque		탑승권	
El itinerario / El asiento(lugar, cupo, plaza)		여행 일정표 / 좌석	
La clase turística(económica)		일반석	
La primera clase		일등석	
El equipaje / La maleta La maleta de mano		여행 가방 기내 수하물	
Facturación de equipajes		짐 (위탁 수하물) 붙이는 곳	
Quiero facturar(mandar/enviar) mi equipaje.		내 가방을 붙이고(보내고) 싶습니다.	
Abordar, Embarcar		탑승하다	
Aterrizar (Llegar)		착륙하다 (도착하다)	
Despegar (Salir)		이륙하다 (떠나다, 출발하다)	
La demora (El Retraso)		연기, 지연	
Reservar / Cancelar(Anular) / Confirmar		예약하다 / 취소하다 / 확인하다	

글쎄 그게 ?..?

☺☻ Boleto Vs Pasaje Vs Billete Vs Tiquete.

전부 표, 티켓, 승차권이란 의미입니다. Boleto (표, 티켓, 입장권)는 라틴 아메리카 지역에서 Billete (지폐, 표, 티켓)는 스페인에서 많이 사용합니다. Pasaje와 Boleto는 항공권 외에도 버스나 기차표로도 사용합니다. Boleto는 음악회 등의 입장권(la entrada)으로도 쓰입니다. 항공 수하물을 붙일 때 쓰는 Facturar 역시 지역에 따라 다릅니다. 멕시코의 경우는 Documentar 카리브 해 국가들은 Checar나 Chequear 표현을 쓰기도 합니다.

Episodio 2

❖ Claudia hace cola en inmigración . . .

Claudia:	¿He perdido mi vuelo a Bogotá? Pasé media hora en un embotellamiento en el centro. Espero no haber llegado tarde.
Agente:	No, está bien. No ha perdido su vuelo.
Claudia:	¡Qué suerte! ¿No ha salido todavía? ¿Hay un retraso?
Agente:	Sí, está proyectando una demora de dos horas a causa de un problema mecánico.
Claudia:	¡Menos mal! ¿Puedo facturar el equipaje ahora?
Agente:	Sí, ¿me puede mostrar su pasaje y pasaporte, por favor?

Claudia llega al aeropuerto "El Dorado" y hace cola...

Inspector:	Adelante, Srta. Bienvenida a Colombia. Sus documentos, por favor.
Claudia:	Con mucho gusto. Aquí tiene mi pasaporte con la visa de estudiante.
Inspector:	Muy bien... ¿Cuánto tiempo piensa estar aquí?
Claudia:	No sé exactamente, unos meses... Tengo que estudiar un mes en la universidad y después quiero hacer un viaje por el país.
Inspector:	¡Qué bueno! Y, ¿cuál es su dirección en Colombia?
Claudia:	Voy a quedarme con una familia de Bogotá, en la avenida Libertador, número 7-28.
Inspector:	Muy bien. Pase Ud. a la aduana.
Claudia:	Gracias. Adiós.

❖ VOCABULARIO ACTIVO

Inmigración	입국심사, 이민
Esperar	희망하다, 바라다
Embotellamiento	차량정체, 교통 혼잡
Retraso / Demora	연기, 연착, 지체
Facturar	수하물을 붙이다
Mostrar	보여주다
Pasaporte	여권
Documentos	서류(신분증명), 여권
Dirección	주소
Aduana	세관

KEY WORDS

Hacer cola : 줄을 서다.

Hacer un viaje(Viajar) 여행을 하다　　Hacer la maleta 가방을 싸다.

Con mucho gusto(A la orden) : 물론 입니다. 예, 알았습니다. '승낙이나 동의'의 표현.

Personal : 개인적인(Individual), 사적인(Privado), 특별한(Específico), 고유의(Propio), 개인의, 특별한(Particular).

¡Menos mal! 덜 나쁘다는 말로 '다행이다!'라는 의미입니다.

Adelante : '앞으로 오세요'라는 말로 (El) Siguiente, '다음 사람'이라고도 합니다. '지나 가세요' 또는 '통과 하세요'는 Pasar동사를 써서 'Pase'라고 합니다.

Facturar : 탁송 수하물로 하다. 수하물을 붙이다(위탁하다), 요금을 청구하다. 여행 가방이나 짐을 수하물로 붙이는 경우에 사용합니다.

APUNTES

La calle... 도로에 관해서

Camino	걸어 다니는 길. 습관적으로 걸어 다니거나 통행하는 길
Paseo	산책길이나 산보로
Senda / Sendero	좁은 길이나 샛길, 꼬불꼬불한 산길
Calle	일반적인 도로 (도로 교통상 큰 중요성을 차지하지 않는 일반도로)
Avenida	Calle 보다 크고 넓은 길, 일반적으로 순환도로와 연결되는 도심을 통과하는 주요 간선도로
Vía	통로가 되는 길, 여러 방향으로 통행이 가능한 길. 기차나 전차가 다니는 길(철길). 중요한 건물이나 중요 지점을 끼고 있는 길
Carretera	도심과 도심, 도시 사이를 서로 연결하는 간선도로나 큰 길
Autopista	고속도로
Autovía	자동차 전용도로
Ruta	여행 일정에 포함되어 있는 길, 경로. 여행길. 여정 길

TUTORING

Haber	+ 과거분사	경험, 결과, 완료, 계속

Haber + 과거분사: 완료 과거 복합형(현재완료) 표현

경험이나 결과, 완료나 계속의 의미를 나타냅니다. 과거에 있어났던 일이 현재의 상황에 지속적으로 영향을 끼칠 때 사용합니다. Haber와 같이 쓰이는 과거분사는 성, 수의 변화가 없습니다.

¿He perdido mi vuelo a Bogotá? 보고타로 가는 비행기를 놓쳤습니까? - 결과

Espero no haber llegado tarde. 내가 늦게 도착하지 않았으면 합니다. - 결과

✔ Sí, está proyectando una demora de dos horas a causa de un problema mecánico. 기계적인 문제로 인해 두 시간 지연출발을 계획 중입니다.

Estar	+ 현재분사	현재 진행형의 표현
Estar	+ 과거분사	상태나 완료

투우사, 페르난도 보떼로(Fernando Botero, Colombia)

눈공 시간

❖ 입국 및 출국 수속을 위한 공항안내 표지판 이해

사진을 통해 직접보고 눈으로 공부하는 시간입니다.

공항은 원칙적으로 사진 촬영이 안 되는 장소입니다. 공항 시설들은 보안상 사진 촬영이 금지되어 있습니다. 공항경찰의 확인을 거친 사진들만을 소개합니다. 출입국 수속이나 공항 편의 시설 이용에 도움이 되었으면 합니다. 스페인과 중남미 그리고 미국 등 국가와 지역에 따라 여러 용어들이 다양하게 쓰이고 있으니 열심히 공부해 봅시다.

Llegadas Internacionales: 국제선 도착.

공항에 도착해 비행기에서 내리면 제일 먼저 보게 되는 것들입니다. 다른 곳으로 향하는 통과승객(환승객)인지 아니면 최종 목적지에 도착한 것인지에 따라 움직이는 동선이 달라집니다.

짐을 찾고 나갈 수 있는 출구와 문 그리고 연결 편을 이용하는 통과승객이 가야할 곳을 화살표로 안내하고 있는 표지판입니다.

Equipaje y Salida: 가방을 찾아 나가는 출구
Equipaje: 여행용 가방, 짐
Salida: 출구.↔ Entrada 입구
Conexiones: 환승(연결 항공편). 환승객들이 연결 비행기를 찾기 위해 가는 곳입니다.
Puerta: 문. 대기실, 탑승구

Pasillo sin retorno: 일방통행로. 되돌아올 수 없는 통로를 의미합니다.

Pasillo: 통로, 길 Retorno: 복귀
Avance: 진행통로. Avanzar (앞으로 나가다, 진행하다)의 3인칭 간접명령형 표현입니다.
No se detenga: 중간에 멈추지 마십시오.
Detener: 멈추다, 중지하다.
No retroceda. 되돌아갈 수 없음
Retroceder: 되돌아가다, 뒷걸음질 치다.

Conexión de vuelos: 연결항공편 (환승안내)

연결 항공편, 환승 안내 모니터입니다. 통과승객들이라면 이곳에서 모니터를 보고 갈아타야 할 항공편을 찾아 환승 탑승구 번호를 확인해야 합니다. 통과승객은 Pasajero de tránsito라고 합니다.

Conexiones Internacionales: 국제선 환승

국제선 비행기의 연결편 안내, 환승하는 곳을 가리키는 표지입니다. 중간에 비행기를 갈아타는 분들은 Conexión(환승, 연결) 안내 표지판만 보고 가면 됩니다.

Inmigración: 입국수속

Inmigración: 이주, 이주민, 입국이란 말로 입국수속을 하는 곳을 의미합니다. 목적지에 도착한 분들은 이 표지판을 계속 따라가면 됩니다. 입국수속을 받은 후에 짐을 찾게 됩니다.

Entrega de Equipaje: 위탁 수하물 찾는 곳:

붙인 짐이나 가방을 찾는 곳으로 Entregar(넘겨주다, 건네주다) 표현을 썼습니다. Reclamar를 쓰는 곳도 있지만 간편하게 Equipajes만 적어놓은 곳들도 많습니다

Reclamo de Equipaje: 짐 찾는 곳

중남미로 가기위해 환승을 해야 하는 미국의 국제공항입니다. 이곳에서는 Reclamar(요청하다, 청구하다) 표현을 썼습니다.

Objetos a declarar: 신고할 물품들.

과세물품처럼 세금을 내야하는 물건 등을 구입한 경우에 이곳에서 신고를 해야 됩니다.

Objeto : 물품, 물건, 대상, 목적
Declarar: 선언하다, 신고하다. 보통 짐 찾는 곳 옆에 있으며 Aduana(세관) 옆에 있는 경우가 많습니다.

Punto de encuentro: 만남의 장소

Punto: 점, 지점, 장소. Encuentro는 Encontrar '찾다, 만나다, 발견하다'의 명사형입니다.

위탁 수하물 찾는 곳.

마드리드의 Barajas 국제공항입니다. 비행기에 탈 때 짐으로 붙인 가방이나 짐을 찾는 곳으로 Cinta, 4는 4번 벨트란 말입니다. Cinta는 리본이나 테이프, 띠 등을 말하지만 여기에서는 짐을 나르는 컨베이어 벨트를 의미합니다.

Control de Policía: 입국심사.

짐 찾는 곳의 표지를 계속 따라가다 보면 이곳에 도착합니다. 공항경찰(Control de Policía)의 여권 검사란 표지가 보입니다. 여권심사를 하는 곳입니다. Inmigración으로 대신하는 곳도 있습니다.

터미널 순환버스 안내.

T2, T3의 T는 Terminal(터미널)의 약자입니다. 주요공항들은 터미널이 국제선과 국내선으로 나누어져 있는 경우가 많습니다. 경우에 따라서는 연결편이나 환승을 할 때 터미널이 바뀌는 경우도 있습니다. Tránsito는 통행, 통과란 말입니다. 공항내부 터미널을 왕복 순환하는 버스나 트램은 무료입니다.

Información turística: 관광안내소

공항 안에 있는 관광안내소 간판입니다. 주요 관광지를 소개한 책자와 홍보물 등을 얻을 수 있고 관광에 필요한 여러 여행 정보 등을 구할 수 있습니다. 지하철과 시내 지도 등 길 찾기에 필요한 안내지도 등은 꼭 받아두어야 합니다.

엘리베이터 이용과 출국안내 표지판:

승강기(Ascensor)를 타고 올라가서 출국장(Salidas)으로 가라는 안내 표지입니다.

Salidas: 출국항공편 안내 모니터

출국 항공편을 안내 해주는 모니터입니다. 출국시간(Hora)과 항공사 편명(Vuelo) 그리고 목적지(Destino)등이 적혀 있습니다.

Pasajeros con equipaje: 짐 있는 승객들

짐 있는 승객을 위한 탑승수속 안내 표지판입니다. 짐을 붙여야 하는(con Equipaje) 승객(Pasajeros) 들이 줄을 서는 곳입니다.

Espere su turno: 대기 안내(순서를 기다리십시오)

탑승 수속을 위한 대기 라인으로 순서대로 줄을 서서 기다리는 곳입니다.

Esperar 기다리다, Turno 순서, 차례

Facturación y Puertas de embarque: 탑승수속과 탑승구 안내.

탑승수속 표지가 카탈란어, 영어, 스페인어 순서로 되어 있습니다. 바르셀로나 공항이기 때문입니다. '짐이나 여행가방을 붙인다(위탁한다)'라는 표현에는 Facturar를 씁니다. Facturación은 짐을 붙이거나 탑승수속을 하는 곳을 말합니다. 멕시코에서는 Documentación(서류증명) 표현을 쓰기도 합니다.

Registro: 탑승수속 Registro: 등록, 가입. 탑승수속을 하는 곳,

위탁수하물을 보내고 영수증(Combrobante)과 좌석배정을 받은 후에 탑승권(Tarjeta de embarque)을 받는 곳입니다. 남미 콜롬비아의 공항입니다.
스페인은 Facturación, 콜롬비아는 Registro란 표현을 썼습니다.

Sala de Embarque / Puertas de Abordaje: 탑승 대기실 / 비행기 탑승구 안내 표지입니다.
Puerta 문, 게이트 Embarcar 탑승하다. (m) Embarque 탑승.

국가에 따라 '비행기에 오르다'라는 '탑승'이란 의미로 Embarque 대신 Abordaje(Abordar 비행기, 배, 기차에 오르다)를 쓰는 곳도 있습니다. Sala de abordaje 탑승 대기실

네 째날: 마드리드를 떠나며... 아랑후에스(Aranjuez)를 거쳐 꼬르도바(Córdoba)로

마드리드를 떠나 본격적으로 이슬람 문명을 찾아 떠나는 날입니다. 아랑후에스를 거쳐 꼬르도바로 드디어 중부 행정 중심지 이었던 까스띠야(Castilla) 지방에서 이슬람 문명의 흔적이 짙게 배어있는 남부 안달루시아(Andalucía) 지방으로 건너갑니다. 지중해와 대서양 그리고 유럽과 아프리카 대륙이 맞닿는 곳에 위치한 스페인은 지정학적 위치 때문에 역사적으로 여러 이민족들의 지배를 받았습니다. 그중에서도 로마와 이슬람 문명의 지배를 가장 오래 동한 받았습니다. 특히 800년이란 긴 시간 동안 스페인을 지배했던 이슬람인들은 스페인에 커다란 영향을 끼쳤고 그들 문명의 흔적을 곳곳에 남겼습니다. 그 이슬람 시대의 화려한 영화를 자랑했던 이슬람 왕국의 수도가 바로 꼬르도바입니다.

꼬르도바는 마드리드에서 남쪽으로 약 400Km 떨어져 있으며 차량으로 4시간 30정도가 소요됩니다. 비교적 장거리 이동에 속하기 때문에 중간에 다른 관광지인 아랑후에스에 들르기로 했습니다. 아랑후에스는 '스페인의 작은 베르사이유 궁전'이라는 아랑후에스 궁전이 있는 곳입니다. 아랑후에스는 마드리드 남쪽에 있는 작은 도시로 마드리드에서 남쪽으로 50km밖에 떨어져 있지 않고 꼬르도바를 가는 길에 있기 때문에 부담이 되지 않았습니다. 아랑후에스는 나름 들릴 가치가 있음에도 불구하고 주요 관광지에는 빠져 있는 곳입니다. 이곳이 덜 중요하다기 보다는 다른 곳이 관광지로서 더 인기가 있기 때문이겠지만 스페인을 잘 아는 분들이나 음악을 좋아하는 분들이라면 반듯이 들리고 싶어 하는 곳이 바로 아랑후에스입니다.

스페인을 대표하는 악기로 흔히 기타를 말하는데 잘 알려진 대표적인 기타 연주곡이 '알함브라 궁전의 추억'(Recuerdos de Alhambra)입니다. 클래식 기타를 연주할 때 쓰이는 고난위도 연주 기법인 트레몰로(Tremolo) 기법으로 이루어진 대표적인 곡이기도 합니다. 하지만 이 곡 외에도 잘 알려진 곡이 한 곡이 더 있습니다. '아랑후에스 협주곡(Concierto de Aranjuez)'입니다. 이 곡의 작곡자는 스페인의 대표적인 작곡자인, 3살 때 병으로 시력을 잃어 앞을 못 보는 호아낀 로드리고(Joaquín Rodrigo)입니다. 앞을 못 보는 로드리고가 아내와 함께 아랑후에스를 들린 후에 아내가 전해주는 아랑후에스 궁전의 아름다움을 곡으로 옮긴 것이 바로 아랑후에스 협주곡입니다. 아련한 추억처럼 눈으로 보는 것 대신에 순전히 상상만으로 아내의 이야기를 마음속에 그리면서 곡으로 옮긴 것입니다. 기타와 오케스트라 연주로 이루어진 아랑후에스 협주곡(Concierto de Aranjuez) 중에서 특히 2악장인 아다지오, 기타 솔로 연주는 절절하리 만큼 아름다운 선율로 이루어져 있습니다. 애잔한 선율에 서정적인 감흥을 불러일으키는 2악장은 'En Aranjuez Con Tu Amor (당신의 사랑을 머금은 아랑후에스에서)' 라는 곡명으로 여러 가수들이 노래를 불러 더욱 유명합니다.

우리나라에서는 TV 명화극장 시간에 항상 나오는 배경음악으로 잘 알려진 곡입니다. 마드리드의 솔 광장이나 마요르 광장처럼 사람들이 많이 모이는 곳에서 거리의 악사들이 자주 연주하기도 합니다. 아랑후에스 협주곡을 들으면서 아랑후에스 궁전을 바라보면 그리움과 향수로 가득 찬 옛 영화의 덧없음과 무상함이 밀려옵니다. 아랑후에스는 다른 관광지에 비해 한산한 편입니다. 도시도 작고 마드리드의 근교에 위치해 잠시 시간을 낸다면 스페인 여행의 또 다른 추억을 만들 수 있습니다.

안달루시아 지방 여행의 첫 관문인 꼬르도바는 세비야와 그라나다 사이에 삼각 구도를 이루고 있습니다. 세비야와 그라나다 사이에 위치한 있는 작은 도시이지만 이슬람 왕국의 수도(705년~1031년)였을 당시에는 한때 인구가 100 만명에 달했었을 만큼 크게 번

아랑후에스 궁전
(Palacio de Aranjuez)

아랑후에스 궁전 별관

창했던 도시였습니다. 당시에는 300개가 넘는 이슬람 사원과 호화로운 궁전이 있었다고 전해지는데 지금은 대표적인 회교식 성당인 메스끼따와 아치와 대리석과 같은 여러 건축물들의 잔해와 흔적만이 남아있습니다. 안달루시아의 첫 번째 방문지인 꼬르도바는 안달루시아 지역 내에서도 이슬람 문명의 색채가 강하게 남아 있는 도시입니다. 역에서 나와 아메리카 대로를 따라가다 보면 '과달끼비르 강(Río Gualdalquivir)'에 도착하는데 꼬르도바는 이 강을 중심으로 북쪽으로 발전했습니다. 강 주변으로 이슬람 인들과 더불어 유대인들이 터를 잡고 살았었고 국토 회복운동인 '레콩끼스타(Reconquista)' 이후 다시 복원한 기독교 문명과 회교인 이슬람 문명이 서로 조화를 이루고 있는 곳이 바로 꼬르도바입니다. 주요 관광 지점으로는 스페인 내의 대표적인 회교 사원인 메스끼따(Mezquita)와 알카사르(Alcazar) 그리고 유대인 거리등이 있습니다. 메스끼따는 바그다드의 회교 사원 못지않게 이슬람 세력을 상징하는 대표적인 건축물로 축조되었습니다. 하지만 국토 회복 전쟁에서 승리한 스페인의 카를로스 5세 국왕은 이 회교 사원을 성당으로 개조했습니다. 중앙의 지붕을 들어 성당의 모습을 갖추고 십자형태로 만들려고 했지만 이전의 이미지를 바꾸는 데는 실패하고 오히려 입구의 창문들을 막아버리는 바람에 내부가 상당히 어둡게 되었습니다. 그렇기 때문에 메스끼따는 스페인의 성당 중에서 스테인 글라스 창문이 없는 아주 특이한 형태를 갖게 되었습니다. 메스끼따 앞의 알카사르는 콜럼버스가 첫 항해를 떠날 때 이사벨라 여왕을 배알했던 곳입니다. 하지만 이후에는 종교재판소와 감옥으로 이용되었습니다. 정원이 아름답게 잘 가꾸어져 있어 야경도 무척 아름답습니다.

유대인 거리는 메스끼따의 북쪽에 자리 잡고 있습니다. 좁은 샛길로 연결된 꼬불꼬불한 길옆으로 새하얀 집들이 늘어서 있는데 창문과 벽을 장식하고 있는 화분들이 인상적입니다. 길목 입구에는 14세기에 지은 유대 교회가 있고 가까운 곳에 박물관과 토산품을 파는 가게나 식당 등이 옹기종기 모여 있습니다. 벽과 벽 사이가 닿을 듯 말듯 아주 좁은 샛길과 꾸불꾸불한 골목길들은 스페인 남부지역의 전통마을이 지닌 대표적인 특징이기도 합니다.

유대인 거리와 메스끼따 그리고 알카사르는 서로가 다 붙어있기 때문에 관람에 많은 시간이 필요하지 않습니다. 기차역에서 유대인 지구와 메스끼따가 있는 곳까지 걸어서 30분 정도 잡으면 충분하고 도시의 규모가 작아서 걸어서 천천히 구경해도 서너 시간이면 충분합니다. 참고로 메스끼따는 10시 이전에는 무료입장입니다. 본격적으로 더워지기 전에 공짜로 사원 내부를 들러보는 것이 더 좋습니다. 구경하는 것도 서둘러서 나쁠 것은 없습니다.

메스끼따(Mezquita)의 첨탑

메스끼따의
외벽 모습

메스끼따 사원의 내부

외곽에서 바라 본 메스끼다

알카사르와 로마교

알카사르(Alcazar)
성벽 외곽의 관광 마차

메스끼따(Mezquita)의 내부 모습

유대인 거리에서 바라본 메스끼따(Mequita)의 모습

유대인 거리

7

¿La plaza de España, por favor?

Se dice así

Para pedir direcciones...

길은 묻거나 목적지를 찾아가는 방법을 묻는 표현들입니다.

El banco, por favor. Para ir al banco, por favor Estoy buscando al banco. / Busco a...	은행이 어디에 있죠? 은행을 어떻게 갑니까?(가기 위해서는...) 은행을 찾고 있습니다.
¿Hay un banco en esta calle?	이 길에 은행이 있습니까?
¿Dónde está el banco?	은행은 어디에 있죠?
¿Me podría(puede) decir dónde está ...?	...이 어디에 있는지 말씀해 주실 수 있나요?
¿Cómo se puede(puedo) ir al banco?	은행은 어떻게 갈수 있습니까?
¿Por dónde voy hacia el gran vía?	그란 비아로는 어디로 가죠?
¿Dónde puedo coger un taxi?	어디서 택시를 잡을 수 있습니까?
¿Dónde estamos(estoy) ahora?	지금 우리들이 있는 곳은 어디죠?
¿Está lejos(cerca) de aquí?	여기에서 머나요(가깝나요)?
Tengo que tomar un taxi?	택시를 타야만 합니까?
¿Puedo ir de(a) pie?	걸어서 갈수 있나요?
¿Puede marcarlo en el plano(mapa)?	지도에 (그곳을) 표시해 줄 수 있나요?
¿Cómo regresamos a hotel?	호텔로 어떻게 되돌아오죠?
¿Es éste el camino para Dae Jeon?	이 길이 대전가는 길인가요?

KEY POINT

¿Dónde está	+ 장소

¿Dónde está + 장소?

장소를 묻는 가장 기본적인 표현입니다. Estar 동사 대신 Quedar나 Haber 동사를 쓰기도 합니다.

¿Dónde queda ...? ¿Dónde hay ...?

정적인 장소를 묻는 표현에는 Estar와 Quedar가 쓰이지만 움직임을 의미하는 '어디로 가다' 또는 방법을 물어보는 '어떻게'라는 표현에는 Ir 와 Llegar 동사를 써서 표현합니다. 의문사 역시 Cómo를 씁니다.

밑에 표현들은 다 같은 의미입니다. 가능동사인 Poder를 넣어 표현했습니다. 나를 강조하는 주관적인 표현에는 1인칭 형태를 쓰고 객관적인 길 찾기 개념으로 표현하려면 3인칭 표현을 씁니다. 1인칭 형태의 표현이 더 생동감 있는 표현이지만 1인칭 표현이나 3인칭 표현이나 큰 차이는 없습니다.

¿Cómo llego a allí?	거기에 어떻게 가죠?
¿Cómo puedo llegar allí?	거기에 어떻게 갈 수 있죠(도착할 수 있죠)?
¿Cómo se puede(puedo) ir a ... ?	...에 어떻게 갈 수 있죠?
Perdón, ¿Cómo se llega a ...?	죄송하지만 ...에 어떻게 가죠?
¿Cómo vamos a ir al banco?	(우리들이) ...에 어떻게 가죠?

¿Por dónde voy hacia ...?

' ~ 을 향해서는 어디로 가냐는?', 어떤 길을 선택해야 하는지 좀 더 구체적으로 길을 물어보는 방법입니다. 가는 길 중간에 정확한 방향을 물어보는 표현이기도 합니다.

¿Por dónde voy hacia el banco de España?	스페인 은행 방향 쪽은 어디로 갑니까?
¿Por dónde va al banco de España?	스페인 은행은 어디를 통해 갑니까?

¿Puedo ir de(a) pie? 걸어서 가는 것이 가능할까요?

Andar는 '걷다, 걸어가다'는 보행의 의미를 갖고 있습니다. 동작 동사인 Ir의 뒤에 조건의 진행형 표현을 써서 '걷는 것이 가능 합니까?'라는 의미로 씁니다.

¿Se puede ir andando?	걷는 것이 가능할까요?
¿Puedo ir andando?	걸어서 갈 수 있나요?
¿Andando, cuántos minutos necesita?	걷는다면 몇 분이나 걸립니까?

¿Dónde puedo coger un taxi?

'어디서 택시를 잡을 수 있습니까?'라는 표현으로 '택시 정류장을 어디에서 찾을 수 있습니까?'라는 표현인 ¿Dónde puedo encontrar la parada de taxis?나 'Dónde está la parada de taxis? 택시정류장이 어디에 있습니까?'로 대신할 수 있습니다.

어디 있는지 현재의 위치를 잘 모르는 경우 Ahora를 붙여주면 더 좋습니다.

¿Dónde estoy? 여기가 어디죠?

Ahora, ¿dónde estamos? 지금 우리들이 어디에 있습니까?

APUNTES

택시나 버스, 비행기 등 운송 수단을 이용하는 경우 일반적으로 전치사 en을 사용합니다. El señor Valdés va en metro(coche, autobús, taxi) : 발데스 씨는 지하철(자동차, 버스, 택시)로 갑니다. 경우에 따라서는 Por를 쓰기도 합니다. ¿Por avión?; 비행기로?

↪ ¿Se puede ir en coche(en autobús, en avión)? 자동차(버스, 비행기)로 갈 수 있습니까?
Sí. 예. No, hay que ir a pie. 아니오, 걸어가야만 합니다.

↪ Es más rápido ir a pie que tomar el metro. 지하철을 타는 것보다 걸어가는 것이 더 빠릅니다.

☞ 지도에 표시를 해달라고 부탁하는 경우 Marcar(표를 붙이다, 표시를 하다)외에 Mostrar와 Indicar 동사를 쓸 수 있습니다.

↪ ¿Lo puede mostrar(indicar) en el mapa? 지도에 보여(표시해) 주실 수 있나요?

글쎄 그게 ?..?

가고 있는 길이 맞는 길인지 구체적으로 물어보는 표현은?

¿Este es el camino correcto para Ciudad Dae Jeon? 이 길이 대전으로 가는 길이 맞나요?

¿Es ésta la carretera de Dae Jeon? 이 길이 '대전로' 인가요?

따로 주어와 동사를 바꾸는 의문문 형식(¿Es éste el camino... ?)을 쓰지 않아도 문장 끝을 올려주면 ↗ 의문문 표현이 됩니다.

¿Esta carretera va a la Catedral? ↗　　이 큰길이 성당으로 가는 길입니까?

¿Este autobús pasa por Sevilla? ↗　　이 버스가 세비야를 지나갑니까?

Episodio 1

¿La plaza, por favor?

Turista: Buenos días. ¿La plaza, por favor?

Señora: Está cerca, pero no se puede ir en coche. Deje el coche aquí y vaya por esa calle y luego coja la segunda a la derecha, y después dé la vuelta y después...

Turista: Perdone. Otra vez, por favor. Es que no he entendido muy bien. La verdad es que no he entendido nada.

Señora: Bueno, deje el coche aquí y venga conmigo. Es que es un poco difícil...

Turista: Muchas gracias...

¿Monika y Daniel se encuentran por la calle.

Daniel: Perdone, ¿está cerca la plaza de Sol?

Monika: Pues... ¡Hombre, Daniel! ¿Qué hay?

Daniel: ¡Monika! ¿Qué haces por aquí?

Monika: Mira, paseando... ¿Vas a la plaza de Sol?

Daniel: No está muy lejos, ¿verdad?

Monika: Pues no lo sé pero tengo un plano de Madrid.

Daniel: A ver...

Monika: Mira, estamos aquí. No, no está lejos. Hay que coger la primera calle a la derecha, al final de la calle giras a la izquierda y luego sigues todo recto unos cien metros.

Daniel: ¡Ah, vale! ¿Vienes conmigo?

Monika: Vale, de acuerdo.

❖ Un señor muy tímido en un bar.

- Perdone, ¿Dónde está el lavabo?
- ■ ¿Cómo dice?
- ¿Dónde están los servicios?
- ■ Más alto, por favor.
- Que dónde está el lavabo.
- ■ ¡Ah! Los servicios... Al fondo a la derecha.
- ¿Puedo pasar, por favor?
- ■ Pase, pase.

❖ VOCABULARIO ACTIVO

Disculpar (Perdonar)	용서하다, 사죄하다, 핑계를 대다
Plaza	광장, 자리
Pasear	산책, 산보하다
Coche / Carro	자동차
Coger	쥐다, 잡다(Asir, Agarrar)
Derecha / Izquierda	오른쪽 / 왼쪽
Plano	지도(mapa), 도면
Tímido	소심한
Lavabo / Servicios	화장실
Fondo / Al fondo	바닥, 밑바닥 / Al fondo: 가운데, 중앙 끝

KEY WORDS

Coche: 자동차를 의미하는 말로 중남미에서는 Coche대신 Carro를 씁니다. Carro는 원래 짐수레나 카트, 끄는 것이라는 의미입니다. 축소형(Carrito)을 사용하면 쇼핑센터나 공항에서 짐을 옮길 때 쓰는 카트를 의미하게 됩니다. 탈것을 의미하는 '차량'이란 단어는 Vehículo를 씁니다.

Lavabos: 세면대 또는 화장실을 의미하며 동의어로는 Baños, Servicios, Aseos가 있습니다.

ASEOS

Restrooms
Baños

Servicios
Services

Toilets
Aseos

Lavabos
Toilets
Aseos

ASEOS

Dejar: 두다, 놓다, 허용하다. 여기에서는 '차량을 세워두다'란 의미로 Estacionar, Aparcar(주차하다, 차를 세워놓다)로 대신할 수 있습니다.

주차장: Estacionamiento, Aparcamiento, Parqueo, Parqueadero.

Girar: 회전하다, 돌다. 동의어로는 Doblar(구부리다, 돌다)와 Torcer(꼬다, 구부리다, 위치를 바꾸다, 변경하다) 동사가 있습니다.

* Torcer동사는 변화형에 유의; Tuerce a la izquierda. 왼쪽으로 도십시오.

KEY POINT

¿Vale?↗ ¿De acuerdo? : '어때? 괜찮아?'

상대방의 동의를 구하는 표현입니다. 대답은 Vale,↘(좋아) Sí.(그래) De acuerdo.(동의해). Vale표현은 동의를 구할 때는 끝을 올리고 ↗ 긍정의 대답을 할 때는 끝을 내려서 ↘ 발음하면 됩니다. 동의하지 않는다는 표현은 No. no estoy de acuerdo.라고 합니다.

Acordar: 기억하다(Recordar), 동의하다

Acordar(se) de algo = Recordar algo ~을 기억하다

※ Vale는 상대방의 동의를 구하는, 권유하는 표현으로 중남미보다는 스페인에서 많이 쓰입니다. 중남미는 동의를 구하거나 권유하는 표현으로 ¿Eatá(s) bien? '괜찮겠어?' Bueno, está bien. '그래 좋아, 괜찮아'을 많이 씁니다. 영어의 Are you OK?에 해당하는 표현들입니다.

스페인	중남미	
¿Vale? ¿De acuerdo?	¿Eatá(s) bien?	어때? 괜찮아?
Vale, estoy de acuerdo	Bueno, está bien.	그래, 좋아.

¿Puedo pasar, por favor? 지나 갈 수 있나요?

¿Se puede pasar por aquí? 여기로 지나갈 수 있나요?

¿Puedo?나 ¿Se puede?는 허락이나 허가를 구하는 표현입니다.

Episodio 2

❖ ¿En qué dirección?

Elena y su prima Clara van a tomar el metro para ir al museo del Prado. Están cerca de la plaza de España, donde hay una estación de metro. Las dos jóvenes miran el plano del metro en la entrada de la estación.

Elena:	Bueno. Estamos aquí, en la plaza de España.
Clara:	¿Dónde está el museo del Prado?
Elena:	Está cerca de la estación Atocha. Allí.
Clara:	Entonces, ¿qué hacemos?
Elena:	Es fácil. Tomamos la dirección de Legazpi.
Clara:	¿Es necesario cambiar de trenes?
Elena:	Sí. Cambiamos en Sol, dirección de Portazgo.
Clara:	Y debemos bajar en Atocha, ¿verdad?
Elena:	Exacto, allí en Atocha bajamos.

❖ No sé, ¿dónde está ...?

■ Perdone, ¿La calle Princesa?
● Mire, siga recto por esta calle y llegará a un parque, crúcelo y al otro lado empieza la calle Princesa.
■ Sigo recto, llego al parque y lo cruzo.
● Sí, eso.

■ ¿Este autobús va al museo del Prado?
○ No, pero pasa por Alcalá, que está muy cerca.
■ ¿Dónde tengo que bajar?
○ A ver... Una, dos, tres.., en la cuarta parada. Mire, usted verá una plaza con una fuente en medio; pues después de la plaza, dos paradas más.

VOCABULARIO ACTIVO

Dirección	방향, 주소
Metro	지하철
Estación	역, 정거장
Entrada ↔ Salida	입구 ↔ 출구
Cambiar (de)	~ 을 바꾸다, 변경하다
Bajar	(자동차, 이동수난에서) 내리다
Perdonar / Disculpar	용서, 사과하다
Seguir / Continuar	계속하다, 진행하다
Recto / Derecho	곧장, 똑바로
Parque	공원
Cruzar / Atravezar	지나가다, 횡단하다 Semáforo 신호등
Plaza	광장, 자리
Museo	박물관 Fuente / Manantial 분수, 샘물
Parada	정거장

KEY POINT

Perdone, Discupe, Permiso: '죄송합니다만... 실례합니다만...' 길을 묻거나 다른 사람들 앞을 지나가는 경우에 상대방에게 양해나 실례를 구하기 위해 쓰는 표현입니다. 상대방이 대화 중이었다면 Perdone / Lo siento pero... / Disculpe와 같은 표현이 좋고 일상적인 경우에는 Permiso나 Con permiso 라고 하면 됩니다.

글쎄 그게 ?..?

Cruzar Vs Pasar Vs Atravesar

Pasar는 전치사 por와 함께 쓰여 '~를 지나가다, 통과 하다'란 의미로 쓰입니다. Cruzar와 Atravesar는 '~ 을 건너다, 횡단 하다'의 뜻으로 쓰입니다. 사용법이 틀리다고 하지만 일상생활에서는 서로 구분 없이 사용합니다. 일반적으로 십자형태의 도로나 거리를 건너가는 경우는 Cruzar 그렇지 않은 경우는 Atravezar를 사용합니다. Atravezar는 주로 큰길처럼 대로를 건너갈 때나 비스듬히 가로질러 횡단하는 경우에 많이 쓰이고 '~을 관통하다'란 의미도 가지고 있습니다.

Al otro lado: 건너편에, 길 건너서

APUNTES

Para dar las direcciones...
방향을 가리킬 때 쓰는 표현들...

Una cuadra (una manzana)	블록
La esquina /El semáforo/ La bocacalle	모퉁이 / 신호등/ 거리 입구
Siga (Ud.) por ... / Todo recto	계속해서.... / 계속 곧장
Siga todo derecho, Siga(Todo) recto	계속 똑바로 가세요.
Doble(Gire) a la derecha A la derecha (izquierda)	오른쪽으로 도십시오. 오른쪽 (왼쪽) 으로
Cruce (Atravece) la calle ...	길을 건너서...
Tome(Coge) la calle ...	...가를 택하십시오.
Dar la vuelta. Dé la vuelta y suba por la primera calle.	되돌다. (뒤로 돌다) 되돌아서서 첫 번째 길로 올라가십시오.

TUTORING

Ser	+ 형용사	+ 동사원형 구문
Ser	+ 형용사	+ que + 접속법

¿Es necesario cambiar de trenes? 기차를 바꾸어 타는 것이 필요한가요?

Ser + 형용사(부사) + 동사원형 구문입니다. '동사원형(Infinitivo)하는 것이 형용사(부사)하다'는 표현으로 무인칭 표현이라고도 합니다. 종속절에 주어가 없는 비인칭 문장의 경우에는 동사원형의 형태를 취하지만 que로 이어지는 복문으로 구성될 경우에는 종속절에 접속법을 씁니다. (Ser + 형용사 + que 접속법). 주어를 표시하는 경우에는 간접목적격 대명사를 이용하거나 전치격 인격 대명사를 써서 표현합니다.

↪ Es necesario estudiar el español.
스페인어를 공부하는 것이 필요하다.

Me es necesario estudiar el español. = Para mí, es necesario estudiar el español.
나는 스페인어를 공부하는 것이 필요하다.

Es imposible que yo vaya pronto a Japón. 내가 곧 일본에 가는 것은 불가능하다.

Es mejor que no vengas tú aquí. 네가 여기에 오지 않은 것이 더 낫겠다.

Preferir A a B: B보다 A를 더 좋아하다.

Yo prefiero el maíz al arroz blanco. 나는 흰쌀보다 옥수수가 더 좋다.

= A mí me gusta más el maíz que el arroz blanco.

¿Dónde?와 Donde : 강세가 오면 의문사, 강세가 없으면 장소에 관한 관계부사입니다.

¡Ojo!

버스나 택시 등 탈것에서 내릴 때는 Bajar 동사를 씁니다. Ya, quiero bajarme: 이제 내리겠습니다. 하지만 보통 편하게 '여기 부탁드립니다'라는 의미인 Para aquí, por favor나 Por aquí, por favor를 많이 사용합니다.

스페인 광장(La plaza de España), Sevilla

PASATIEMPO

세비야 관광지도

다섯 날; 세비야 (Sevilla)

꼬르도바(Córdova)에서 세비야(Sevilla)까지는 차로 2시간이 안 걸립니다. 거리상으로 140km 불과하기 때문에 낮에 이동을 하고 저녁때 관광을 해도 충분합니다. 도시야경은 또 다른 감흥을 주기 때문에 저녁 식사 후에 천천히 길거리로 나서도 상관없습니다. 도시 야경을 감상한 후에 숙소에서 피로를 풀고 다음 날 아침 일찍 더워지기 전에 성당을 둘러보고 한참 더울 때는 다른 도시로 이동을 하거나 쉬는 것이 좋습니다.

세비야는 꼬르도바, 그라나다, 말라가 등의 도시를 포함한 안달루시아 지방의 중심지로 이슬람교의 체취가 짙게 남아 있는 고장입니다. 도시 규모로도 스페인에서 네 번째로 큰 세비야는 이슬람교도와 그리스 교도간의 공방전이 무수히 벌어졌던 역사적인 도시입니다. 황금세기로 이어지는 스페인의 최고 전성기 시절에 중남미 식민지로부터 거두어들인 막대한 재물이나 특산품들이 수도인 마드리드로 향하기 위해 모두 집결했던 곳이 바로 이곳 세비야였습니다. 그렇기 때문에 당시에는 돈이 넘쳐나는 거대한 상업 도시

이자 유흥도시 이었습니다. 비제의 '카르멘(Carmen)'이나 로시니의 '세비야의 이발사'(El barbero de Sevilla)의 무대가 된 곳이며 플라멩코가 상업적인 목적으로 유행하며 본격적으로 꽃피운 곳으로도 유명합니다. 세비야 역시 걸어서 관광이 가능합니다. 날씨가 무척 덥다는 단점이 있기는 하지만 언덕이 없고 대부분 평탄한 길이기 때문에 햇빛만 피한다면 걸어 다녀도 그렇게 힘들지 않습니다. 렌터카처럼 차량을 이용하는 경우에는 대성당이나 시청사가 있는 누에바(Nueva) 광장 가깝게 차를 몰고 와도 상관없습니다. 근처에 주차장이 있고 주차비도 2~3 시간에 3유로가 넘지 않기 때문에 부담이 없습니다. 재미삼아 트램(도시전철)도 타볼만 하고 마차로 한 바퀴 도는 것도 나름 운치가 있습니다. 트램은 대성당 바로 옆을 스치듯이 지나갑니다.

세비야는 크게 '히랄다 탑(Torre de Giralda)'을 중심으로 하는 관광지역과 북쪽의 상가 지역, 과달끼비르(Guadalquivir) 강 건너편의 신시가지로 나누어집니다. 안달루시아의 다른 도시들에 비하면 도시 규모가 꽤 크지만 시청사가 있는 누에바 광장을 중심으로 주요 관광지들이 모여 있어서 스페인 광장, 대성당, 히랄다 탑 그리고 알카사르 등의 지역을 걸어서 관광할 수 있습니다. 세계 3대 성당 중의 하나인 세비야의 대성당은 거대한 규모와 위엄을 자랑합니다. 원래 이슬람 사원이었던 터에 세워진 것으로 이슬람, 고딕, 바로크, 르네상스, 네오 클래식 양식이 서로 혼합되어 있습니다. 야간에 조명을 받으면 더욱 아름답습니다. 대성당의 내부에 있는 콜럼버스의 관도 놓치시면 안되니다. 히랄다 탑은 대성당 바로 옆에 붙어 있습니다. 대성당과 히랄다 탑 못지않게 꼭 들려야 할 곳이 스페인 광장입니다. 세비아의 스페인 광장(Plaza de España)은 다른 도시의 광장과는 달리 넓은 공원처럼 꾸며져 있습니다. 규모도 무척 커서 호수에서 연인들이 쪽배를 타기도 합니다. 특히 분수대 뒤쪽에 있는, 스페인 각 지역의 특색을 살려 타일로 조성된 벽면들이 무척 인상적입니다. 카르멘의 무대가 되었던 세비야 대학은 바로 광장 옆에 있습니다. 세월을 등지고 서있는 고색 찬란한 건물들을 바라보면서 휴식도 취할 겸 쉬엄쉬엄 돌아보는 것도 괜찮습니다. 스페인 광장에서 대성당까지 걸어서 이동이 가능합니다. 20분 내외지만 낮에는 무리가 될 수 있으니 마차로 돌아 보는 것도 나름 대안이 될 수 있을 것 같습니다. 황금의 탑은 12각형 모양의 돌탑으로 과달끼비르 강변에 있습니다. 13세기에 이슬람인 들이 이 탑을 건립했을 때 꼭대기를 황금의 타일로 붙여놓았던 데서 황금탑이라는 이름이 유래했다고 합니다. 하지만 강변을 따라 산책하는 기분으로 가볍게 들릴까 막상 찾아가서 보면 실망할 지도 모릅니다. 세비야는 플라멩코의 고장으로 유명합니다. 플라멩코는 마드리드를 비롯해 여러 곳에서도 볼 수 있지만 제일 유명한 곳이 세비야와 그라나다입니다. 그라나다는 플라멩코가 생겨난 곳이며 세비야는 집시들의 춤인 플라멩코가 여러 대중들 앞에 소개되면서 본격적으로 꽃을 피운 곳이기 때문입니다. 무대 위의 공연이라는 상업적인 틀을 갖추고 본격적으로 알려지기 시작한 곳이 세비야이지만 그라나다의 공연도 플라멩코의 본연의 모습이라는 원류의 특색을 간직하고 있기때문에 두 군데중 어느 곳에서 관람을 하더라도 상관은 없습니다. 밤에는 따블라오(Tablao)에서 공연하는 플라멩코도 놓치지 말았으면 합니다.

세비야 대성당(Catedral)

세비야의 대성당 옆을
지나는 도시전철 트램

대성당과 히랄다 탑

히랄다 탑

대성당 안의
콜럼버스 관

황금의 탑

스페인 광장, 세비야
(Plaza de España, Sevilla)

8

El transporte y el tráfico

Se dice así

¿Dónde está la parada de autobús(tranvía)?	버스(트램) 정류장은 어디에 있습니까?
¿Cuántas veces pasa el autobús al día?	하루에 버스가 얼마나 자주 있습니까?
¿Qué autobús va a la estación de Atocha?	어떤 버스가 아토차 역에 갑니까?
¿Puede avisarme cuando lleguemos al palacio real?	왕궁에 도착하면 알려주겠습니까?
¿A qué hora es el primer(último) autobús?	첫(마지막) 버스가 몇 시에 있습니까?
¿Este autobús va a Toledo?	이 버스가 똘레도에 갑니까?
¿Es un tren directo(expreso)?	직행(급행) 열차 인가요?
¿Tengo que cambiar de tren?	기차를 바꿔 타야 하나요?
¿El tren para Toledo sale de este andén?	똘레도행 기차가 이 플랫폼에서 출발하나요?
¿Dónde está la estación del metro?	지하철역은 어디에 있습니까?
¿Qué línea cojo para la plaza de España?	스페인 광장으로 가려면 어떤 노선을 타야합니까?
¿Dónde hago el transbordo para Atocha?	아또차로 가려면 어디에서 바꾸어 타야 합니까?
Por favor, lléveme a la estación de tren.	열차 역으로 데려다 주십시오.
¿Cuánto vale ir a la plaza de España?	스페인 광장까지 가는데 얼마입니까?
¿El precio incluye el equipaje?	요금에 짐 값이 포함되어 있나요?
Por favor, vaya más despacio.	더 천천히 가주십시오.
Por favor, dese prisa.	서둘러 주십시오, 급합니다.
La próxima esquina, por favor.	다음 모퉁이에 세워주십시오.
Aquí está bien, gracias.	여기 괜찮습니다. 고맙습니다.
¿Puede esperar aquí, por favor?	여기에서 기다려줄 수 있겠습니까?
¿Dónde puedo alquilar un coche?	자동차를 어디에서 빌릴 수 있습니까?
¿Cuánto cuesta por día(semana)?	하루(한 주)에 얼마입니까?
¿El precio incluye el seguro?	가격에 보험이 포함되어 있나요?
¿Hay alguna gasolinera por aquí cerca?	여기 근처에 주유소가 있나요?
¿Hay algún estacionamiento cerca de aquí?	여기 근처에 주차장이 있나요?
¿Cuánto tiempo puedo aparcar aquí?	여기에는 얼마 동안 주차할 수 있나요?

Episodio 1

En el taxi ...

Señor: La estación de Atocha, por favor.

Taxista: Sí, señor.

Señor: Quisiera estar en la estación en viente minutos. ¿Le parece posible?

Taxista: A esta hora no anda mal el tráfico. ¡Ya veremos! Con un poco de suerte llegaremos.

Señor: ¿Cuánto cuesta hasta la estación de Atocha?

Taxista: Lo que indique el taxímetro.

Vamos a tomar un taxi ...

Linda y Julia tienen que ir a una agencia de viajes, pero antes van a almorzar en un restaurante que está cerca de la agencia. Piensan tomar un taxi.

Linda: ¡Taxi, taxi! ¿Está libre?

El chófer: ¿Señoritas, adónde van?

Ellas suben al taxi.

Linda: Queremos ir al restaurante Vicente Rojo, avenida Ventura de la Vega 5, por favor. ¿Cuánto tarda para llegar?

El chófer: Diez minutos... quince como máximo.

Ellas llegan al restaurante. Julia baja del taxi y Linda va a pagar.

Linda: ¿Cuánto es, señor?

El chófer: Treinta y siete euros, señorita.

Linda: Aquí tiene cuarenta euros, señor.

Linda le da 3 euros al chófer como propina.

Linda: Y esto es para Ud., señor.

El chófer: Muchas gracias, señorita.
Hasta luego.

En la estación de ferrocarril ...

Señor: ¿A qué hora sale el próximo tren para Sevilla?

Empleado: Hay un tren rápido que sale a las trece y cuarenta y cinco.

Señor: ¿A qué hora sale El Ave?

Empleado: A las catorce horas. Hay que pagar un suplemento, pero en menos de tres horas estará Ud. en Sevilla.

Señor: ¡Increíble! Una plaza en clase preferente, ida y vuelta, por favor. ¿Cuánto vale el billete?

Empleado: 165 euros. Aquí tiene su billete. Andén 3, vía 4.

Posible ↔ Imposible	가능한 ↔ 불가능한
Suerte ↔ Desgracia	행운 (Fortuna 운) ↔ 불행, 불운
Indicar	가리키다, 표시, 지적하다
Agencia	대리점 (Agencia de viaje 여행사)
Máximo ↔ Mínimo	최고(의) ↔ 최저
Chofer	운전사
Propina	팁
Planear (Pensar y preparar)	계획하다 (생각하고 준비하다)
Representante	대리인, 대표자
Conseguir (Lograr, Obtener, Adquirir)	얻다, 구하다, 획득하다
Ferrocarril	철도
Pagar (abonar ↔ cobrar)	지불하다
Suplemento	추가 요금, 할증금
Andén	플랫폼, 승강장

KEY WORDS

A esta hora 지금 이 시간에는

Andar ‘걷다, 가다’의 뜻이지만 ‘일이나 특정상황의 진행 상태’를 의미하기도 합니다. ¿Anda bien(mal)?은 상대방의 안부나 일의 진행 상황, 상태를 묻는 표현으로 ‘잘 지내고 있어? 또는 ‘상황이 어때, 좋아(나빠)?’라는 뜻입니다. 본문에서는 교통 상황이 나쁘지 않다는 의미로 쓰였습니다.

Pensar: 생각하다. 뒤에 동사가 오면 동사 원형을, 명사가 오면 전치사 en을 사용합니다.

Yo pienso en tí　　난 너를 생각해

Pienso viajar a España.　　스페인을 여행할 생각이다.

Aquí tiene. 보통 목적격 대명사와 함께 쓰입니다.

Aquí lo(la) tiene. (그것이) 여기 있습니다. ‘여기 있습니다.’란 표현은 Estar와 Tener 동사를 써서 표현할 수 있습니다. Aquí está = Aquí (lo/la) tiene.

Llevar

① 가지고 가다, 지니다.

Mañana te llevo el libro 내일 책을 가져다 줄게.

② 옷을 입거나 몸에 착용하는 경우.

El lleva un reloj(sombrero) muy bonito. 그는 매우 예쁜 시계를 차고(모자를 쓰고) 있습니다.

③ ~ 장소에 데려다 달라고 할 때, 사람을 데리고 가거나 탈것에 태울 경우.

Llévame al aeropuerto, por favor. 공항까지 데려다 주세요.

④ 지내다, 보내다, 시간이 흐르다. Llevar + 기간(시간)

Llevo 3 años. 3년 되었습니다.

Llevo 24 horas sin dormir. 잠을 못잔지 24시간 되었습니다.

↪ Llevar + Gerundio (현재분사) : 계속해서 ~ 하다.

Lleva durmiendo 24 horas. 24시간째 계속해서 잠을 자고 있는 중이다.

Depender 의존, 종속하다. 전치사 de와 함께 쓰이면 ~에 좌우된다는 의미에서 '~에 따라서, ~ 의해서'란 표현이 됩니다.

Depender de : ~에 따라서, 의해서, ~에 달려 있다.

(m) Dependecia 의존, 종속 ↔ Independencia 독립

Apurar 서두르다, 성급하게 하다. 고갈시키다, 끝내다(Acabar/Agotar)

¡Apúrate!, ¡De prisa! 서둘러라!

No me apures. 재촉 하지마.

Salir (más barato) (가격이 싸게) 나오다

KEY POINT

Tardar (en): 늦어지다(지체하다), 시간이 걸리다 (Demorar, Retrasar)

↔ Adelantar(se) 앞당기다.

¿Cuánto tarda en llegar? 도착하는데 얼마나 걸립니까?

Dos horas y media. 2시간 반이요.

✔ Tardar A en B: B 하는데 A만큼 걸리다.

Tardo tres hora en llegar a casa. 집에 오는데 3시간 걸렸다.

Tardé cinco horas en leer ese libro. 그 책을 읽는데 5시간 걸렸다.

Tardaré medio año en recorrer todo el país.
내가 전 국토를 다 돌아보는 데는 반년이 걸릴 것이다.

Parecer

1) ~처럼 보이다(~인 것 같다): Opinar, Pensar, Creer

→ 역구조 동사처럼 쓰이며 본인의 생각을 말하거나 상대방의 의견을 물어볼 때 쓰입니다.

Me parece que (Creo que, Pienso que) ~ : 내 생각에는 ~인 것 같다.

A tí, ¿qué te parece? 네 생각은 어때?

(A mí) Me parece bien. (내 생각에는) 좋은 것 같아.

2) Parecer(se): Tener semejanza 닮다, 비슷하다.

¿A quién te pareces? 너는 누구를 닮았니?

Me parezco a madre. 나는 어머니 닮았어.

Te pareces mucho a tu padre. 너는 아버지를 많이 닮았다.

Los hermanos no se parecen nada. 형제들은 하나도 닮지 않았다.

글쎄 그게 ?..?

¿Cuánto nos cobra? 얼마입니까?

택시 요금이나 비용을 묻는 표현입니다. Cobrar 동사는 '요금이나 비용을 받다(Recibir), 수취하다'란 의미입니다. 직역을 하게 되면 '우리에게 얼마를 받겠습니까?'가 됩니다. 다음은 가격을 물어보는 대표적인 표현들입니다.

¿Cuánto es?	얼마입니까?
¿Cuánto cuesta? ¿Cuánto vale?	얼마입니까?
¿Qué precio tiene?	가격이 어떻게 되죠?
¿Cuánto me cobra?	얼마입니까? 얼마를 받을 거죠?
¿Cuánto le debo?	당신에게 얼마를 주면 됩니까?

→ Deber동사는 '빚을 지다'란 의미로 비용을 묻는 표현 외에 상대방에게 큰 은혜나 혜택을 입었을 때 사용합니다.

Le debo uno. 네게 하나 빚졌다.

APUNTES

❖ Prestar Vs Alquilar Vs Arrendar

'빌리다' 또는 '빌려주다'의 의미로 쓰이는 동사들입니다. 멕시코 같은 경우는 영어에서 차용한 Rentar 동사도 이용합니다. 이들 동사들의 차이점은 다음과 같습니다.

☞ Prestar 동사는 Dejar (허용, 허가하다) 동사처럼 쓰입니다. 다시 돌려준다는 의도를 갖고 물건을 잠시 빌리는 경우에 사용합니다.

¿Me prestas el dincro(5 euros)? 돈(5 유로) 좀 빌려줄래?
¿Me dejas(prestas) un bolígrafo? 볼펜 좀 빌릴까?
¿Me prestas el libro de Juan? 후안의 책 좀 빌려줄래?

☞ Alquilar y Arrendar는 같이 쓰이는 경우가 많습니다. 집을 세놓는 경우는 Alquilar와 Arrendar를 같이 사용합니다. 하지만 일반적으로 Alquilar 동사가 더 많이 쓰입니다. Alquilar는 자동차나 DVD, 가구, 기계류 등의 물건들을 빌리는 경우, 또 집을 세놓거나 임대하는 경우에 쓰입니다. 하지만 토지나 농지, 땅의 임대계약이나 재정 조건에 대한 계약을 하는 경우는 Arrendar 동사를 사용합니다. Alquilar는 자동차에서 집에 이르기까지 물건을 빌리거나 임대를 하는 경우에 광범히 하게 사용하고 금융이나 재정 조건 그리고 기술적 조항을 법률적으로 다루는 경우에는 Arrendar 동사를 씁니다. 영어에서 유래한 Rentar 동사는 멕시코 외에는 거의 사용하지 않습니다.

Puente Nueva, Ronda

Episodio 2

❖ En la taquilla

Elena: ¿Vas a comprar un billete sencillo?

Clara: No, voy a comprar un billete de diez viajes. Es más barato. Un billete sencillo cuesta 2 euros y un billete de diez viajes cuesta 18 euros. ¿Y tú, vas a comprar un billete?

Elena: No, yo tengo una tarjeta de abono transportes. Con esta tarjeta puedo tomar el metro o el autobús sin límite por un mes entero.

Clara: ¡Qué bien! Por favor, señorita, un billete de diez viajes.

La empleada: Dieciocho euros señorita.

❖ ¡Qué tráfico!

Diego: ¿Por qué no avanzamos?

Pedro: ¿No ves cómo está el tráfico? Es el peor embotellamiento de la ciudad.

Diego: ¡Cuántos carros hay en la carretera! ¿Qué hora es?

Pedro: Son las dos de la tarde.

Diego: Es hora de la siesta. Siempre hay mucho tráfico a esta hora. ¿Pero, no hay policía de tráfico en esta ciudad?

Pedro: Sí, hay. Pero ¿qué pueden hacer ellos?

Diego: Ya es tarde para la fiesta del día de San Valentín.

Pedro: Cálmate. Estamos avanzando poco a poco.

Diego: ¡Mira a ese muchacho! ¡Qué peligroso! ¡Está caminando entre los vehículos!

Pedro: Pues, sí. A él no le importan las señales de tráfico.

Diego: ¡Fíjate en ese camión grande y viejo! ¡Qué humo! Produce mucha polución. La contaminación del aire nos está matando.

Pedro: Ten paciencia. ¿No sabes que estamos en una metrópolis?

❖ Perdona el retraso ...

■ ¡Uh! Perdona el retraso. ya sé que es muy tarde pero es que había un embotellamiento terrible y luego no encontraba sitio para aparcar... He tenido que dejar el coche en un estacionamiento a no sé cuántas calles de aquí...

○ No se preocupes. Yo también acabo de llegar.

■ Es que me sabe muy mal llegar tarde.

❖ VOCABULARIO ACTIVO

Taquilla	매표소, 표 파는 곳
Comprar ↔ Vender	사다 ↔ 팔다
Sencillo (Simple, Individual, Solo)	단순, 간소한, 단일(1인)의, 편도 표
Tarjeta	카드, 엽서(Tarjeta postal)
Abono	예약(신청), 정기권, 회수권

↪ Abonar	예약금) 지불하다, 입금하다
Límite	한계, 제한, 경계
Entero (Completo, Perfecto)	완전, 온전한
Tráfico	교통
Causa (Motivo, Origen, Razón)	이유, 원인
↪ Causar (Ocasionar, Motivar, Provocar)	불러일으키다
Caminar (Andar, Pasear)	걷다
Vehículo (Coche, Automóvil, Autobús, Camión..)	탈 것, 차량, 교통수단
Señal (Indicador)	표시, 이정표, 신호
Morir	죽다
Contaminación (Polución)	오염, 공해
Ambiental	환경의, 대기의

KEY WORDS

Embotellamiento (de tráfico, de coche)

'교통 혼잡이나 체증, 정체현상'을 가리키는 말로 'mucho tráfico, mucho tránsito, Atasco, Congestión de tráfico'와 같은 표현입니다. 중남미 같은 경우는 차가 많이 막히는 경우에 Trancón이란 표현도 씁니다.

Hay mucho tráfico.	차가 많이 막히네.
Hay mucha congestión de tráfico esta hora.	이 시간에는 교통 체증이 심해.
Hay mucho trancón.	차가 많이 막힌다.
Es hora de trancón(mucho tráfico).	교통 정체 시간이다.
A esta hora siempre hay mucho trancón.	이 시간에는 항상 차가 많이 막혀.

Hacer caso: 주의를 기우리다, 관심을 갖다(Interesar).

Hacer caso de(a) ~ : ~ 에게 관심을 기우리다 (a + 사람).

↪ No hagas caso a Pepe. 페페에게 관심 갖지 말아라.

No hagas caso de lo que dice Pepe. 페페가 말한 거에 신경 쓰지 마.

¡Caray!

난처하거나 뜻밖의 경우에 쓰는 감탄사 표현입니다.

¡Caray!	¡Caramba!	¡Ostras!
젠장! 어이쿠! 이런!		

↪ ¡Ostras!: 어이쿠, 이런! 놀라거나 뜻밖의 경우에 쓰는 감탄 표현입니다.

¡Cálmate!

진정해, 흥분 하지 마. 흥분을 진정시킬 때 쓰는 표현입니다.

¡Con calma, por favor!	제발 진정해!
¡Tranquilízate!	흥분 하지 마. 가만히 있어!

↪ Calmar (Tranquilizar) 마음을 가라앉히다, 진정시키다.

Un mes entero. 한 달 내내.

Avanzar: 전진하다, 앞으로 나아가다, 향상하다

↪ Marchar 나아가다. 행진, 출발하다 Adelantar(se) 전진하다, 앞당겨하다
Progresar 진보, 향상, 전진하다

Plaza(Espacio, Sitio): 원뜻은 광장이지만 자리나 좌석(Asiento, Lugar, Cupo, Puesto)의 의미로 많이 쓰입니다.

↪ Una plaza en clase preferente, por favor 우등석으로 한자리 부탁드립니다.

Girar: 돌다, 회전하다 (Doblar, Torcer, Voltear)

Aparcar: 주차하다(Estacionar, Parquear)

↪ 주차장 (Aparcamiento, Estacionamiento, Parqueadero) / Garaje 차고
Aparcamiento público. 공용 주차장 Aparcamiento privado. 사설 주차장
Acabar (de); 끝마치다, 끝내다

↪ Terminar, Completar 끝내다, 완성하다
Cumplir (일, 임무) 수행하다, 완수하다

APUNTES

Billete 표, 승차권, 티켓

Billete sencillo	편도 티켓	Billete redondo	왕복 티켓
Billete de solo ida		Billete de ida y vuelta	

차량이나 운송 수단의 탈 것은 Billete나 Boleto, 비행기 표는 Billete나 Pasaje, 콘서트나 음악회, 공연 등의 입장권은 Boleto, Entrada, Tiquete 등을 씁니다. 멕시코는 autobús, tren, avión등 교통수단의 승차권에 Boleto를 많이 씁니다.

Siesta: 낮잠, 오후 휴식 시간

→ Echar la siesta 낮잠을 자다.

Echar: 던지다, 부어넣다, 쏟다. 쫓아내다.

¡Consejo!

스페인의 여름은 무척 덥습니다. 햇살은 따가울 정도가 아니라 살을 태울 정도로 뜨겁습니다. 7~8월 한낮의 기온은 보통 40도까지 오르고 남부 지방인 경우는 10시나 되어야 해가 집니다. 아침 6시에 해가 뜬다고 생각해도 하루에 16시간 동안 해가 떠 있다는 말입니다. 스페인은 지중해성 기후라 그늘에 들어가면 습기가 적어 견딜만하다고 해도 땡볕이 내려쬐는 점심시간에는(보통 1-4시) 아무 것도 못합니다. 몇몇 중요한 관공서와 식당을 빼고 문을 연 곳은 드뭅니다. 대부분의 스페인 사람들은 낮잠을 즐기거나 점심 식사 후에 쉬는 시간을 갖습니다. 바로 Siesta입니다. 해가 하루 종일 떠있고 기온이 높다 보니 당연히 생체리듬도 날씨에 영향을 받을 수밖에 없습니다. 스페인의 대표 요리로 유명한 것이 '빠에야(Paella): 철판 해산물 볶음밥' 입니다. 하지만 그에 못지않게 인기가 있는 것이 Tapas (안주, 간식거리 단품요리) 입니다. 길을 걷다 보면 가장 많이 마주치는 식당들이 바로 Tapas를 파는 곳들입니다. 해가 늦게 지고 낮 시간이 길다보니 어쩔 수 없이 저녁 식사도 늦어집니다. 그동안 배가 고플 수밖에 없습니다. 그래서 많은 스페인 사람들은 점심과 저녁시간 사이에 시원한 맥주나 음료수와 함께 Tapas를 즐깁니다.

여섯 날: 론다(Ronda)

론다는 세비야에서 남서쪽으로 140km정도 떨어진 작은 소도시입니다. 아니 도시라기 보다는 작은 시골 마을이라는 표현이 더 어울리는 곳입니다. 세비야에서 차량으로 2시간 정도 걸리는 곳이지만 작은 골목길 사이에 자리 잡은 아기자기한 집들과 절벽과 계곡 사이에 자리 잡은 새하얀 마을이 무척이나 인상적인 곳입니다. 절벽 위에 자리 잡은 '스페인의 산토리니'라는 별명처럼 빼어난 경관 때문에 항상 관광객들로 넘칩니다. 절벽과 절벽 사이를 이어주는 '푸엔떼 누에바(Puente nueva)' 다리가 유명하며 계곡을 옆에 끼고 높은 절벽 꼭대기에 자리 잡은 집들은 보는 이들의 감탄을 자아내게 합니다. 특별한 유적지가 있는 곳도 아닌데 굳이 갈필요가 있을까라고 생각하는 분들이라도 막상 가보면 후회하지 않을 겁니다. 연인들이 즐겨 찾는 장소로 유명한 곳이기도 합니다.

푸엔떼 누에바
(Puente Nueva)
다리와 절벽위의 마을
론다(Ronda)

푸엔떼 누에바
(Puente Nueva) 다리

절벽 위의
호텔 파라도르
(Parador)

마을 골목길 야경,
Ronda

9

El alojamiento en un hotel:

¿Dónde nos quedamos?

Se dice así

En la recepción
호텔 리셉션에서 방을 구하거나 예약을 할 때 필요한 표현들

Estoy buscando(Busco) un hotel barato.	싼 호텔을 찾고 있습니다.
¿Tiene habitaciones libres?	빈방 있습니까?
¿Hay habitaciones disponibles?	이용 가능한 방이 있습니까?
¿Hay habitaciones más baratas?	더 싼 방이 있습니까?
Quiero una habitación sencilla(individual).	1인용 방(개인 실)을 원합니다.
Quiero una habitación doble.	2인용 방을 원합니다.
Quisiera compartir un dormitorio.	공동실을 나누어 쓰고 싶습니다.
¿No tiene Ud. nada(un poco) más barato?	좀 더 싼 것은 없을까요?
Quisiera(Quiero) reservar una habitación.	방을 예약하고 싶습니다.
He hecho una reserva a nombre de ….	…의 이름으로 예약을 했습니다.
Mi nombre es …	제 이름은 …
Hemos reservado una habitación para 4.	4인용 방을 예약했습니다.
¿Qué pone aquí?	여기에는 무엇을 적는 거죠?
¿Cuánto cuesta por noche?	하루 밤에 얼마인가요?
¿Cuánto es la tarifa?	요금은 얼마인가요?
¿Cuánto cuesta por persona?	1인당 얼마인가요?
¿El precio incluye el desayuno?	가격에 아침 식사비용이 포함되어 있나요?
¿Está incluido el desayuno?	아침 식사가 포함되어 있습니까?
¿Tengo que dejar el depósito?	예치금을 맡겨야 합니까?
¿Se cambia dinero en este hotel?	호텔에서 환전 할 수 있습니까?
¿Hay algún servicio local de Internet?	인터넷 서비스가 되나요?
¿Para utilizar el Internet, qué hago?	인터넷을 사용하려면 어떻게 하죠?
¿Qué(Cuál) es el número de WiFi?	와이 파이 번호가 무엇입니까?
¿El número secreto de WiFi, por favor?	와이 파이 비밀번호가 어떻게 됩니까?
Hay que limpiar la habitación.	방을 치워주십시오.

¿Puede darme otra manta, por favor?	다른 담요를 주실 수 있겠습니까?
No sale(hay) agua caliente.	뜨거운 물이 안 나옵니다.
La televisión no funciona bien.	TV가 잘 작동하지 않습니다.
¿Puedo quedarme dos días más aquí?	여기에서 이틀 더 머무를 수 있을까요?

Al marcharse (Checking out) . . .
호텔에서 계산을 할 때...

Tengo que irme. La cuenta, por favor.	떠나야만 합니다. 계산서 부탁드립니다.
Ya me marcho.	이제 출발 합니다(떠납니다).
¿A qué hora debo desocupar la habitación?	몇 시에 방을 비워줘야만 합니까?
¿Puede darme mi cuenta, por favor?	계산서 좀 주시겠습니까?
¿Acepta tarjetas de crédito?	신용 카드도 받나요?
Creo que esta cuenta no está bien.	계산서가 잘못된 것 같습니다.
¿Puede llamar un taxi, por favor?	택시 좀 불러줄 수 있나요?

KEY POINT

Ya me marcho.

호텔에서 나갈 때 쓰는 표현입니다. '출발하다, 나가다, 떠나다'란 표현은 Marchar(se): '떠나다, 출발, 행진하다' 외에 Partir나 Salir 동사로 대신할 수 있습니다.

Voy a salir mañana.	내일 출발할 겁니다.
Ya tengo que salir.	이제 나가야만(출발) 합니다.
Es hora de partir.	출발할 시간입니다.
Debo marchame ahora mismo.	지금 당장 출발해야만 합니다.
Me marcho mañana por la mañana temprano.	내일 아침 일찍 출발합니다.

※ 호텔에서 나가는 시간과 비행기 출발 시간이 안 맞아 난처한 경우가 있습니다. 숙소에서는 보통 12시까지 나가야 하는데 비행기나 열차시간이 저녁이라면 짐 때문에 움직이기가 불편합니다. 공항이나 열차역, 터미널 등에 짐을 맡기는 '보관소(Consigna)'가 있지만 이런 경우에는 묶었던 숙소에 짐을 잠시 보관해달라고 하는 것이 가장 좋습니다. 여행 가방이나 짐을 보관해달라는 표현은 Guardar 동사를 씁니다.

¿Puede guardar mi equipaje? 제 짐을 보관해 줄 수 있나요

¿Puede guardar mi equipaje hasta las tres de la tarde? 오후 3시까지 제 짐을 보관해 줄 수 있나요?

¿Puedo dejar mi equipaje un momento aquí? 여기에 잠시 제 짐을 나두어도 될까요?

¿A qué hora debo desocupar la habitación? 몇 시에 방을 비워줘야만 합니까?

'몇 시까지'라는 표현은 Hasta를 쓰면 됩니다.

↪ ¿Hasta qué hora debo desocupar la habitación? 몇 시까지 방을 비워야합니까?

Creo que la cuenta no está bien.

계산서가 잘못 된 경우에 쓰는 표현입니다. '실수, 착각하다'라는 Equivocar(se)를 이용해서 표현할 수도 있습니다.

Creo que se ha equivocado Ud. en la cuenta. 계산서에 실수를 한 것 같습니다.

Episodio 1

En un hotel de precios moderados . . .

Miguel Fernández, estudiante graduado, está de vacaciones en Madrid, España. Él está hablando con la recepcionista de un hotel de precios moderados.

Recepcionista: Muy buenos días. Bienvenido al Hotel El Canto. ¿En qué puedo servirle?

Miguel: Buenos días. Hice una reservación para hoy.

Recepcionista: ¿A nombre de quién?

Miguel: A nombre de Miguel Fernández.

Recepcionista: Un momento, por favor. Hummm... estoy buscando... buscando, pero no encuentro su nombre.

Miguel: ¡Qué lío! Reservé con anticipación, pidiendo una habitación sencilla con un baño particular.

Recepcionista: Lo siento, pero si espera unos minutos, le puedo dar una habitación en el quinto piso.

Miguel: Vale, vale. ¿Y el precio, por favor?

Recepcionista: Son 80 euros por noche. El desayuno está incluido. ¿Está bien?

Miguel: Sí, sí, muchísmas gracias.

Recepcionista: De nada, señor... para servirle.

Problemas con la habitación

Isabel y Carlos están mirando la habitación del hotel...

Carlos: No me gusta estar en el décimo piso. Me pongo muy nervioso.

Isabel: Pero mira qué vista tan romántica. Te invito al balcón para ver el mar.

Carlos: No, gracias. Me molesta la altura. ¿Te importa si bajamos a la piscina a nadar?

Isabel: No nos permiten nadar a esta hora. Son las ocho de la noche. Además, no nos pusieron toallas. Voy a llamar a la recepción para pedirlas.

Por teléfono...

Isabel: Señor, por favor, necesitamos toallas para la habitación 1006.

Recepcionista: ¿Necesitan algo más?

Isabel: Sí, jabón y unos vasos.

Recepcionista: Les van a llevar todo inmediatamente.

¿Ya tiene casa?

□ ¿Y ya tiene casa?

◦ No. De momento iré a un hotel. Por cierto, Ud. que es de Madrid, ¿Conoce alguno céntrico y bien de precio?

□ Hombre, el Victoria, por ejemplo, no está mal.

◦ ¿Y cree Ud. que es complicado encontrar apartamentos amueblados?

□ No, no mucho.

VOCABULARIO ACTIVO

Reservar	예약하다
Nombre y apellido	이름과 성
Graduar(se)	졸업하다
Vacaciones	휴가, 방학
Anticipación	앞당김, 미리 함
↪ Con anticipación, Antemano (de)	미리, 앞당겨서, ~에 앞서서
Nervioso ↔ Tranquilo	흥분한, 신경과민의 ↔ 평온한, 조용한
Romántico	낭만적인
Molestar (Fastidiar)	괴롭히다, 귀찮게 하다
Piscina	수영장
Momento	순간

↪ Instante; 순간 Segundo; 초, 매우 짧은 시간, 두 번째의

↪ Un momento, por favor. / Un segundo 잠시만, 잠깐만 (기다려 주십시오)

Cierto	확실한, 분명한, 진짜의

동의어로 쓰이는 비슷한 표현들입니다.

Seguro	Obvio	Palpable	Verdadero	Real
확실한	분명한	명백한	진정한, 진짜의	실제, 현실의

Ejemplo	예시, 예
↪ Modelo, Arquetipo 전형, 견본 / Por ejemplo 예를 들어서	
Complicado	복잡한
↪ Difícil, Complejo ↔ Sencillo	어려운, 복잡한 ↔ 단순한, 간단한
Amueblado	가구가 갖추어진
Centro, Céntrico	시내, 시내 중심의

KEY WORDS

Moderado 알맞은, 적당한, 어울리는

Adecuado	Apropiado	Oportuno	Conveniente
적당한, 적합한	적절한, 어울리는	시기적절한	편리한, 어울리는, 적절한

Encontrar: ~을 발견하다, 찾다 Encontrar + a(con) + 사람

Buscar	Hallar	Descubrir	Revelar
찾다	찾다, 발견하다	발견하다	폭로하다, 밝히다.

뒤에 사람이 오면 전치사 a나 con을 쓰며 ' ~을 (우연히) 만나다, 조우하다'의 뜻이 됩니다. 재귀 형태로 쓰이는 Encontrarse는 Estar 동사처럼 ' ~ 한 상태'를 나타냅니다.

¿Cómo se encuentra? (몸 상태, 컨디션이) 그래 어때?

¿Te encuentras bien? (몸 상태가) 좋아진 것 같아?

Inmeditatamente 즉시, 즉각적으로, 곧바로

De inmediato	En seguida	Ahora mismo	Sin tardanza
즉시, 바로, 당장	즉시, 곧바로	지금 당장	늦지 않게

Urgentemente	Inminentemente	Rápidamente
급하게	급박한, 긴급한	빨리, 서둘러

Habitación: 방

다음은 '방'을 나타내는 단어들입니다. 보통 크기에 따라 Pieza; 작은 방, 쪽방 Cuarto; 공부방이나 하숙방 Habitación; 침대나 책상, 탁자 등 가구들이 제대로 갖추어진 방 또는 호텔의 객실.

☞ 침실은 Alcoba나 Dormitorio, 멕시코에서는 Recámara란 단어를 씁니다.

Pedir : 요구하다, 요청하다

Solicitar	Necesitar	Requerir	Exigir	Demandar
신청, 모집하다	필요로 하다	간청하다	요구(요청)하다	청구, 소송하다

Particular 특별한 (Especial)

Específico	Peculiar	Privativo	Individual
고유, 특유의	독특한, 특이한	사적인	개인적인

A nombre de ~	~ 의 이름으로
¿En qué puedo servirle?	무엇을 도와드릴까요?
¡Qué lío! (confusión, embrollo)	골치아픈 일이야! 뒤죽박죽이네!
lío: 말썽꺼리, 분쟁. 혼잡	↪ ¡Qué problema! 골치 아픈 문제야!

Casa 집, 가정

Domicilio 주소, 집	Hogar 가정	Vivienda 집, 주거	Residencia 거주지
Piso 층, 집		Planta 층	

↪ ⊙⊙ 집을 사는 경우를 제외하고 스페인에서 '집을 구한다'는 말은 보통 한 층을 빌리거나 층에 있는 방 하나를 빌리는 것을 의미합니다. 그렇기 때문에 스페인에서 Piso는 집을 구할 때의 '집(Casa)'과 동일한 표현입니다. 스페인에서 몇 층이란 표현은 Piso 대신 Planta를 사용합니다.

❋ En la habitación . . .

객실에서

El aire acondicionado	에어컨
La calefacción	난방 기구
La televisión por cable	케이블 TV
La llave / El cenicero	열쇠 / 재떨이
La ducha / El vaso	샤워기 / 컵
El champú y el jabón	샴푸와 비누
La toalla	수건
La sábana / La manta	담요, 시트 / 모포, 담요
La almohada	베게, 쿠션
Caja segura	안전 금고

APUNTES

호텔 로비의 카운터(Recepción)나 숙박 시에 많이 쓰는 기본적인 단어와 표현들.

Alojarse. Alojamiento Quedarse / Hopedarse	숙박하다, 숙박(Hospedaje, Albergue) 머물다, 숙박하다
Reservar (con un mes de anticipación)	예약하다(한 달 전에 미리)
La recepción / el(la) recepcionista	리셉션 (호텔의 접수처) / 접수 담당자
El / la huésped	숙박 손님, 하숙 손님
La habitación con baño privado Una habitación con ducha	개인 화장실이 있는 방 샤워 실이 딸린 방
Una habitación individual / doble	1인용 방 / 2인용 방
La cama sencilla (doble/matrimonial)	1인용 침대 (2인용/퀸 사이즈, 부부용 침대)
El botones, el mozo / Camarero(a)	벨 보이 / 웨이터
El servicio de cuarto (lavandería)	룸서비스 (세탁 서비스)
Habitación de buena vista	전망 좋은 방
Completo/a ↔ Libre	가득 찬 ↔ 빈 (자유로운)
Desocupado/a ↔ Ocupado	공실(빈) ↔ 사용 중인

TUTORING

¿Te importa + si / + que / + Infinitivo...

¿Te importa si bajamos a la piscina a nadar?
수영하기 위해 수영장으로 내려갈래?

상대방의 양해나 허락을 구하는 표현으로 역구조 동사인 Importar나 Molestar를 사용해 다음과 같이 표현할 수 있습니다.

간접 목적격 대명사 (Te, Le, Os Les)	importa 중요하다	si + 직설법 현재형
	molesta 괴롭히다	que + 접속법 현재형
		Infinitivo (동사 원형)

¿Te importa	+ si pongo la radio?	라디오 좀 켜도 괜찮을까요?
	+ que ponga la radio?	
	+ poner la radio?	

¿Le importa	+ si abro la ventana?	창문 좀 열어도 괜찮을까요?
	+ que abra la vetana?	
	+ abrir la ventana?	

✔ 동작 동사 + a + Infinitivo인 경우 a는 para의 의미와 같습니다.
→ Bajar a(para) nadar.

글쎄 그게 ?..?

층수 개념

~ (몇)층 이라는 표현에는 스페인은 Planta 중남미는 Piso를 사용합니다. 스페인에서 La planta baja는 1층, 즉 호텔의 로비에 해당합니다. 그렇기 때문에 1° planta (Primera planta)인 1층은 사실상 2층을 의미합니다. 따라서 2층은 실제 3층이고 각층마다 한 층씩 더해주어야 우리나라에서 사용하는 층수 개념과 맞아 떨어집니다. '지하 ~몇 층' 할 때는 Sótano를 사용합니다.

Sótano uno; 지하 1층.

quinto piso
cuarto piso
tercer piso
segundo piso
primer piso
planta baja

¡TOREADOR!
TOREADOR!
¡UNO! ¡DOS!
SEGUNDO PISO
¡TOREADOR!
PRIMER PISO
PLANTA BAJA

FAVOR ARREGLAR LA HABITACION
PLEASE CLEAN THE ROOM

눈공 시간

호텔 수속과 편의 시설 안내

사진을 통해 직접보고 눈으로 공부하는 시간입니다.

호텔 입구의 안내표지: 호텔 입구에 주정차를 금지하는 표지가 있습니다.

Excepto carga y descarga hotel; 호텔에 가방이나 짐을 싣거나 내리는 경우는 예외입니다.
Excepto; 예외. Cargar; 짐을 싣다, 충전하다, 책임을 지우다, 부과하다. ↔ Descargar
여행 가방을 실거나 내리기 위해 허가받은 차량은 주정차 금지에서 제외함;
Autorizar; 인가하다, 허가하다, 권한을 부여하다. Equipaje(Maleta); 여행 가방, 짐

Recepción; 방을 배정받고 열쇠를 받는 호텔 리셉션입니다.

로비와 1, 2 층: Planta o는 호텔 로비를 말합니다. Planta baja라고도 합니다. 그렇기 때문에 Planta 1은 실제로 1층이 아닌 2층을 의미합니다. 몇 층이란 표현은 스페인에서는 Planta, 중남미에서는 Piso를 씁니다.
Planta tercera; 3층으로 표기되어 있지만 실제는 4층에 해당합니다.

Consigna de maletas: 가방 보관소

Consigna; 임시 보관소. 지하철, 터미널, 공항 등에서 잠시 짐을 보관하는 장소입니다.
엘리베이터 안의 모습입니다. 0 층에 불이 들어왔습니다. 0층은 Recepción이 있는 호텔 로비입니다. 엘리베이터에 Pb라는 글자가 뜨면서 도착한 층수를 알려주고 있습니다. Pb는 Planta baja, 즉, 로비의 약자입니다.

S1 : 지하 1층. S는 Sótano '지하실, 지하, 지하 창고'의 약자입니다.
Desayuno en planta sótano: 아침 식사 안내. '아침 식사는 지하에 있는 레스토랑에서'.
Salida Primer Piso: 출국은 1층에서. 어디에 있는 공항인지 아시나요? 중남미에 있는 공항입니다.
Planta 대신 Piso를 사용했습니다.

Ruta de Evacuación; 긴급 대피 통로.
Ruta; 경로, 통로, 여정 Evacuación; 소개, 피난, 대피

En caso de emergencia: 응급 시 대피 요령. 비상사태나 응급 상황인 경우에는 엘리베이터를 이용하지 말고 계단을 이용하란 문구입니다. Emergencia; 비상사태, 긴급 상황 Usar; 이용하다 Ascensor; 승강기, 엘리베이터 Escalera; 계단, 사다리

세놓음; 집을 빌려준다는 표현으로 Alqulilar와 Arrendar 동사를 사용했습니다.

PASATIEMPO

일곱, 여덟, 아홉 날: 그라나다(Granada)

론다에서 그라나다까지는 3시간 정도가 소요됩니다. 렌트한 차량을 반납해야 되는 곳이고 다음 여행지인 바르셀로나로 가기위해 공항으로 나가는 날을 포함해야 됐기 때문에 3일을 머무는 것으로 했습니다. 하지만 그라나다는 작은 도시입니다. 알함브라 궁전(El palacio de Alhambra)과 알바이신(Albayzin) 지구 그리고 저녁에 플라멩코 공연 관람을 포함해도 이틀이면 충분합니다. 그라나다는 마드리드에서 남쪽으로 491km 떨어져 있습니다. 마드리드와 바르셀로나 등 대도시를 제외한다면 스페인의 여러 관광지 중 첫 손에 꼽힙니다. 그라나다는 이슬람 왕국 시대의 마지막 교두보로 가장 오랫동안 번영을 누렸습니다. 이슬람 왕국의 수도였던 꼬르도바를 1263년에 빼앗긴 뒤 그라나다가 이슬람 세력의 유일한 거점도시가 되었기 때문입니다. 1492년 기독교 세력의 총공세로 패배하여 이베리아 반도에서 완전히 쫓겨날 때까지 그라나다는 이슬람 세계를 대표하는 모든 것이었습니다. 그라나다에는 세계 각국에서 모여든 관광객들이 제일 보고싶어하는, 찬란했던 이슬람 문명을 간직하고 있는 알함브라 궁전이 있습니다.

그라나다의 상징이며 아라비아 문화의 집대성이기도 한 알함브라 궁전은 13세기 유세프 왕 때 건축이 시작되어 대대로 증축을 거듭했습니다. 그렇게 때문에 크게 4곳으로 나누어 위에서부터 헤네랄리페(Generalife) 궁전→ 카를로스 5세 궁전(El palacio de Carlos V)→ 나사리에 궁전(Palacios Nasarie) →알카사바(Alcazaba)의 순서대로 관람을 합니다. 그중 핵심은 나사리에 궁전입니다. 어떤 이들은 알함브라의 궁전이 아니라 나사리에 궁전이라고 하는 것이 맞는 표현이라고 합니다. 하지만 아랍식 정원의 정수를 보여주는 헤네랄리페 궁전의 아름다운 정원들도 그에 못지않게 인상적입니다. 나사리에 궁전은 티켓을 예매할 때 따로 방문 시간대를 정하고 정해진 인원수에 따라 그 시간에만 입장이 가능합니다. 입장 시간이 정해져있는 나사리에 궁전을 포함해 알함브라 궁전 전부를 돌아보려면 적어도 3-4시간은 잡아야 합니다. 미리 입장권을 예약한 경우에는 티켓 판매소 옆에 있는 입장권 출력기에서 따로 입장권을 받아 들어가야 하고 이 때 결제한 카드가 있어야만 입장권을 출력할 수 있습니다. 그러니 알함브라 궁전에 갈때는 반듯이 예매할 때 결제한 카드를 가져가야 합니다. 입장권 교환은 누에바 광장 앞길에 있는 서점 안에서도 가능합니다. 아랍어로 '붉은 색' 즉, 붉은 색 벽돌로 지어진 궁전을 의미하는 알함브라는 스페인에 남겨진 이슬람의 문화유산 중 가장 화려하면서도 정교한 아름다움을 자랑합니다. 마지막으로 쫓겨 가던 술탄이 두고 온 알함브라 궁전이 그리워 밤마다 목 놓아 울었다고 전해질 정도입니다. 알함브라 궁전의 관람 포인트는 많이 있지만 정교한 아라베스크 무늬와 독특하고 아름다운, 다양한 정원 형태에 관심을 갖고 보면 좋습니다. 아랍인들이 스페인 의 건축양식과 집 구조에 가장 큰 영향을 끼친 것이 바로 이 독특한 정원 양식이었기 때문입니다. 그 당시까지 스페인을 비롯해 유럽의 집 안에는 정원이 없었습니다. 이슬람 인들이 집을 지을 때 가장 중요하게 생각한 것은 물이었습니다. 그렇기 때문에 집 한가운데에는 항상 우물이나 샘터가 있었습니다. 아랍인들은 물이 샘솟는 곳을 중심으로 정원을 꾸미고 물이 정원을 통해 집안 곳곳으로 흐르게끔 설계를 했습니다. 알함브라 궁전의 아름다운 정원들이 바로 그 대표적인 형태입니다. 정원의 중심이 되는 곳에는 항상 분수가 있고 분수와 샘물들을 통해 물이 궁전 곳곳으로 흐르게 만들었습니다. 이슬람인 들이 거주했던 알바이신 지구 역시 마찬가지입니다. 마을이나 거주지의 중심이 되는 곳에는 마치 구심점처럼 모든 집으로 연결되는 물탱크가 있습니다. 그라나다는 이슬람의 나사리에 왕국이 최후까지 저항했던 곳으로 이슬람 세계의 모든 것을 상징적으로 보여줍니다. 알함브라 궁전과 더불어 이슬람 교인들이 모여 살았던 알바이신 지구와 집시들의 애환이 서린 사크라몬테(Sacramonte) 언덕 등도 관광객들에게 인기가 있는 곳입니다.

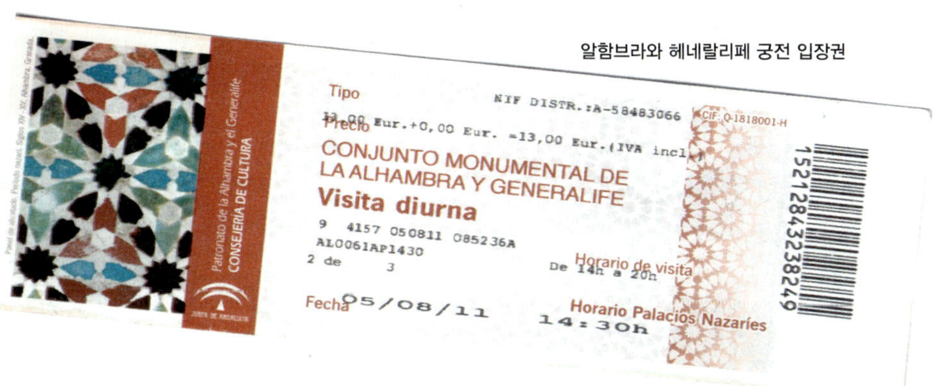

알함브라와 헤네랄리페 궁전 입장권

그나나다 성당

나사리에 궁전내부

헤네랄리페
궁전 가는길

알함브라와 알카사바,
카를로스 V 궁전
가는 길

나사리에 궁전의 기둥아치

나사리에 궁전

카를로스 5세 궁전

알함브라 궁전의 외곽성벽인 알카사바(Alcazaba)

헤네랄리페
궁전의 정원들

알바이신 지구는 알함브라 궁전의 건너편에 있는 아랍인들이 살던 주거지역입니다. 이슬람의 영향을 많이 받은 안달루시아 지방의 전통적인 집 형태를 그대로 간직한 곳으로 구불구불 미로 같은 골목길은 길을 잃기 쉬우니 조심해야 합니다. 알바이신 지구에서 언덕 위로 올라가면 집시들이 사는 사크라몬테 언덕이 있습니다. 사크라몬테 언덕은 집시들이 모여 사는 동굴 거주지역 이었지만 지금은 거주용이 아닌 관광객들을 위한 전시용으로만 사용합니다. 알바이신 지구나 사크라몬테 언덕은 혼자 돌아다니기에는 위험한 곳이니 아침 이른 시간이나 저녁에는 버스를 이용하거나 단체 관광객들과 같이 움직이는 것이 좋습니다.

그라나다의 관광 기점은 '누에바 광장(Plaza Nueva)'입니다. 그라나다는 매우 작은 도시이기 때문에 누에바 광장에서 버스를 타면 알바이신 지구나 알함브라 궁전 모두 20분 내로 이동이 가능합니다. 특히 알함브라의 궁전의 야경을 보기 위해 알바이신 지구의 전망대로 가는 31번 버스는 꼭 한번 타보라고 권하고 싶습니다. 작고 귀여운 마을버스가 좁고 구불구불한, 가파른 언덕의 샛길들을 아주 절묘하게 빠른 속도로 빠져 나갑니다. 그 재미 자체만으로도 2.5유로의 값어치는 됩니다. 31번 버스를 타고 가다 사람들이 우르르 내리는 곳이 바로 산 니콜라스 전망대가 있는 곳입니다. 알함브라 궁전은 34번 버스를 타면 매표소 앞에다 내려줍니다.

누에바 광장(Plaza nueva)

누에바 광장의 버스 정류장

알함브라 관광버스

그라나다의 대성당 까테드랄(Catedral)과 왕실 예배당은 '낮잠 시간(Siesta)'에는 문을 닫습니다. 오후 1시반경에 문을 닫고, 오후4시에 문을 다시 여는 것도 참고해 동선을 짜시기 바랍니다. 더운 낮에는 가능하면 현지인처럼 쉬는 것이 최고입니다.

그라나다 대성당 입구

플라멩코의 무대;
따블라오(Tablao)

플라멩코 공연 티켓

알함브라에서 바라본 대성당

전망대 아래 걸터앉은
관광객들

석양에 물들어 가는 알함브라 궁전의 모습

10

De compras; en el centro comercial

El sol 광장의 상가거리, Madrid

백화점 El Corte Inglés

Se dice así

Al comprar en el mercado y almacén . . .
시장이나 백화점에서 쇼핑할 때 쓰는 표현들

El Mercado / La tienda	시장 / 가게
El almacén / El centro comercial	백화점 / 쇼핑센터
¿En qué puedo servirle?	무엇을 도와드릴까요?
¿Qué desea?	무엇을 원하십니까?
Estoy buscando ~	~ 을 찾고 있습니다.
Solo (estoy) mirando.	그냥 구경하고 있습니다.
¿Le atienden ya?	이미 도움을(응접해) 드렸나요?
¿Me puede ayudar, por favor?	저 좀 도와주실 수 있나요?
¿Tiene ~ (Hay ~)?	~ 이 있나요?
¿Me puede mostrar ~?	~ 을 보여줄 수 있나요?
¿Puede enseñarme algo más?	다른 것을 더 보여줄 수 있나요?
¿Cuándo abre (cierra) la tienda?	언제 가게를 여나요? (닫나요?)
¿A qué hora abren (cierran) las tiendas?	몇 시에 문을 엽니까? (닫습니까?)
¿Cuánto es?	얼마입니까?
Las rebajas / Liquidación total	세일 / 대할인 (재고정리)
¿No hay descuento?	할인은 없나요?
Es un poco caro.	조금 비쌉니다.
¿No tiene algo más barato?	좀 더 싼 것은 없을까요?
No es realmente lo que quiero yo.	내가 정말로 원하는 것이 아닙니다.
Es de última moda!	최신 유행(상품)입니다.
Se nos ha agotado.	다 팔렸습니다.
Uno como éste pero lo nuevo, por favor.	이것과 같은 것으로 하지만 새것으로 부탁합니다.
Me lo llevo.	사겠습니다. (그것으로 가져가겠습니다)
¿Puede envolverlo, por favor?	포장 좀 해주실래요?
¿Puede darme una bolsa, por favor?	쇼핑 백 좀 주실래요?
¿No se ha equivocado en la cuenta?	계산서가 잘못된 것은 아닌가요?

¿Me puede cambiar esto, por favor?	이것 좀 교환해 주시겠습니까?
Quiero devolver esto, por favor.	이것) 환불을 원합니다.
Aqui está el recibo(la factura).	여기 영수증이 있습니다.

KEY POINT

¿Me puede ayudar, por favor?

점원의 도움이 필요한 경우에 쓰는 표현입니다. Ayudar 대신 Atender(대접하다, 친절히 맞아들이다)를 써서 표현할 수도 있습니다.

¿Me puede atender, por favor? 응접 좀 해주실래요?

¿Por qué no nos atienden? 왜 저희들을 도와주지 않습니까?

Estoy buscando ~ ;

~ 을 찾고 있다는 표현입니다. '~ 이 있나요?'라는 표현인 ¿Tiene Ud ~ / ¿Hay ~ ?와 같은 표현입니다.

¿Puede enseñarme algo más?

원하는 것을 좀 더 보여 달라고 요구하는 경우에 쓰는 표현입니다. Mostrar를 쓸 수도 있고 Ver 동사를 써서 표현할 수도 있습니다.

¿Lo puedo ver? 그걸 좀 볼 수 있을까요?

¿Cuánto es? : 얼마입니까?

가격을 물어보는 다양한 표현들입니다.

¿Cuánto cuesta?	얼마입니까?
¿Cuánto vale?	얼마입니까?
¿Qué precio tiene esto?	이건 가격이 어떻게 됩니까?
¿Cuánto me cobra?	얼마를 받을 겁니까?
¿Cuánto le debo?	얼마를 주어야합니까?

☞ ¿A cuánto están las fresas hoy? 오늘 딸기 가격이 어떻게 됩니까?

과일이나 채소처럼 가격이 그때그때 바뀌는 변동가격 상품들을 물어보는 표현입니다. ¿A cómo está(n) ... ?을 사용해서 물어볼 수도 있습니다.

↪ ¿A cómo están las frutas hoy? 오늘 과일들 가격은 어떻게 됩니까?

¿No hay descuento?

가격을 깍아 달라고 할 때 쓰는 표현입니다.

¿No hay algún descuento para esto?	이건 할인이 없나요?
¿No hace descuento si se paga al contado?	현금으로 계산하면 할인을 안 해 주나요?
¿Si compro dos, no hace más descuento?	두 개를 사면 할인을 더 안 해 주나요?

Es de última moda. Moda는 유행이란 의미로 쓰였습니다.

Ahora está muy de moda. 지금 매우 유행하고 있습니다.

Ahora está fuera de moda. 지금은 유행이 지났습니다.

Me lo llevo.

물건을 사겠다는 말로 직역을 하게 되면 '제가 가져가겠다.'는 말입니다.
Comprar와 Quedar를 써서 표현할 수도 있습니다. 사고 싶지 않으면 Gustar 동사를 이용해서 'No, no me gusta : 마음에 들지 않습니다.' 또는 'No me lo llevo : 가져가지 않겠습니다'라고 하면 됩니다.

다음은 같은 의미의 표현들입니다.

Me lo llevo.	사겠습니다(가져 가겠습니다).
Bueno, lo compro.	좋습니다, 그걸 사겠습니다.
Vale, me lo quedo.	좋습니다. 그걸로 하겠습니다.

※ Llevar: 사고자 하는(가지고 가는) 물건을 직접 목적격 대명사로 받아서 사용합니다. ropa와 같은 여성명사이면 Me la llevo, 신발(zapatos)이나 바지(Pantalones)와 같이 남성 복수 형태이면 Me los llevo, 부츠(Botas)처럼 여성 복수형태면 Me las llevo가 됩니다.

¿Puede envolverlo, por favor?

포장을 하다는 의미로 Empacar 동사를 이용해 표현할 수도 있습니다.

¿Hagame un favor de envolver (empacar) lo? Es un regalo.

포장 좀 부탁드립니다. 선물용입니다.

Episodio 1

❖ Vamos a ir de compras....

Dependiente:	¿Qué número tiene Ud.?
Mercedes:	Tengo el número 42. Me gustan estos zapatos. ¿Puedo ver también aquellas botas?
Dependiente:	¿Cuáles quiere, las negras o las marrones?
Mercedes:	Las negras.
Dependiente:	Un momento. Estos valen 130 euros. Y éstas valen 180 euros.
Mercedes:	¿Qué me llevo, los zapatos o las botas? ¿Las botas? Muy bien. Me llevo las botas. Ah, ¿me enseña aquella camiseta también? La roja, la que tiene el dibujo. ¿De qué talla es?
Dependiente:	Esta es de la talla 46. Es la suya, ¿no? ¿Qué talla tiene usted?
Mercedes:	Sí, sí, la 46. Tengo la talla 46. ¿De qué es?
Dependiente:	Es de algodón. Mire. Muy buena calidad. Toque, toque. Es bonita, ¿eh?
Mercedes:	Sí, muy bonita. Me la llevo también.

❖ ¿Cuál es tu talla?

Manolo:	Hola, me gustan mucho estas camisas.
Dependienta:	Hola. Sí, están muy de moda. ¿Cuál es tu talla?
Manolo:	No sé. Las tallas aquí son diferentes.
Dependienta:	¿Por qué no te pruebas la roja? Parece tu talla, ¿No? Vamos. ¿Qué tal la camisa?
Manolo:	Perfecta. Me encanta. ¿Dónde pago?
Dependienta:	Ahí, en la caja.

De compras...

Graciela: Estaba pensando probarme estos vestidos.

Dependienta: Los vestidores están allá, pero hay un límite de tres prendas, señorita.

Graciela: Muy bien. Me limitaré a éstas. ¿Qué tal le parece este modelo?

Dependienta: Le queda muy bien, sobre todo con esos aretes. Se ve Ud. muy linda.

Graciela: Gracias, señorita. Me gusta el estilo y también el color.

Dependienta: La tela es de polyester pero parece seda. Será fácil de cuidar.

Graciela: Bueno, me lo llevo. Póngalo en una bolsa, por favor.

Dependienta: Se lo envuelven en la caja, señorita. También se paga allí. Aquí tiene Ud. el recibo.
Muchas gracias.

La chaqueta, ¿cómo te queda?...

Dependienta: Buenas tardes, ¿en qué puedo servirle?

Beatriz: Pues... Quiero probarme unas chaquetas, pero no encuentro mi talla.

Dependienta: ¿Qué talla usa Ud.?

Beatriz: Una talla pequeña.

Dependienta: Y, ¿de qué color prefiere las chaquetas?

Beatriz: Azules o negras.

Dependienta: De acuerdo. Me permite un segundo... Ajá, aquí tenemos una chaqueta azul oscuro. Es muy bonita. ¿Desea probarse la chaqueta?

Beatriz: Sí, cómo no. Me gusta mucho el color y el estilo.

Dependienta: ¡Qué bueno! Le va a quedar muy bien.

Número	숫자, 신발) 문수
Bota	부츠
Valer / (m)Valor	~ 가치가 있다, 가치가 나가다 m)가치
Camisa, Camiseta	셔츠
Talla (Medida)	옷) 치수, 사이즈
Dibujo, Dibujar	그림
Algodón	면, 솜, 목화
Calidad ↔ Cantidad	질 ↔ 양
Vestido	옷, 여성용)드레스
Prenda (Vestido, Traje, Ropa)	의류, 의복(드레스, 양복정장-슈트, 옷)
Arete	귀걸이
Seda / Tela	비단 / 천, 직물
Cuidar / Atender, Proteger	돌보다, 보살피다, 신경 쓰다
Bolsa	가방, 지갑
Envolver (Empacar/Empaquetar)	둘러싸다(포위), 짐을 싸다, 포장하다
Caja	상자, 계산하는 곳
Corto ↔ Largo	짧은 ↔ 긴
Además	더욱이, 게다가
Firmar	서명하다

KEY WORDS

Enseñar(Mostrar): 가르치다, 보여주다

물건을 보여 달라는 의미로 쓰입니다. ver동사를 사용해도 됩니다.

↪ ¿(Lo) Puedo ver? (그걸) 볼 수 있나요?

¿Me puede mostrarlo? 그걸 내게 보여줄 수 있겠습니까?

Tocar: 건드리다, 만져보다. 접촉하다, 손을 대다

↪ Tocar + 악기: 악기를 연주하다(다루다).

Tocar el piano 피아노를 연주하다.

Tocar la guitarra. 기타를 치다.

Tocar el timbre 초인종을 누르다.

Linda: 아름다운, 예쁜, 외모에 관한 표현들입니다.

Bonito	Bello / Lindo	Hermoso	Guapo	Majo	Atractivo	Precioso

호감을 갖는 경우 다음과 같은 형용사들을 씁니다.

Bonito: 예쁜 (귀여운, 깜직한),

Lindo, Bello, Hermoso: 아름다운

Guapo: 잘생긴, 씩씩한

Majo: (복장이나 분위기가) 세련된, 품위 있는, 멋쟁이

Atractivo: 매력 있는, 호감이 가는

Precioso: 귀여운, 사랑스러운. 소중한

↪ Precioso는 물건이나 선물 등이 '값어치가 나가는, 가치가 있는'의 뜻으로 쓰이는 말입니다. 사람에게 쓰이면 그 정도로 소중한, 귀하다는 의미입니다.

✔ ¡Cuidado!: 조심해! 주의해!

¡Con cuidado!	조심해!
¡Ojo!	조심! 주의해!
¡Cuidate(Cuidese)!	조심하고 잘 지내

Bolsa : 가방, 핸드백

Monedero 동전 지갑	Cartero (손)지갑, 가방	Mochila 등에 매는 가방, 색
Maleta 가방, 여행용 가방	Maleta de mano 손가방	Equipaje 여행 가방

Además: 게다가, 더하여 (Adicionalmente)

Sobre todo: Además de eso, Ante todo. 무엇보다도

Rebajar: 가격을) 내리다 Rebaja: 세일, 할인

다음은 높낮이나 강약, 가감 표현에 관한 단어들입니다.

Bajar	내리다	Subir	올리다
Descender	낮게 하다	Ascender	오르다, 상승, 높이다
Liquidar	청산, 결제하다, 바겐세일 하다, 싸게 팔다		

Debilitar	약하게 하다	Fortalecer	강하게 하다
Reducir	줄이다, 감하다	Aumentar	늘이다
Disminuir	감소하다	Incrementar	증가하다

Recibo: Recibir(받다, 수취하다)의 명사형 표현으로 영수증을 의미합니다. 스페인에서는 Factura (청구서, 영수증)를 많이 씁니다.

Encontrar: 발견하다, 찾다

Encontrar	+ a (con)	사람	~ 를 만나다 (조우하다)
Encontrar	+	장소나 사물	~을 찾다, 발견하다
Buscar	Hallar	Descubrir	~을 찾다, 발견하다, 밝혀내다

KEY POINT

Probar(se): 옷을 입어보다, 시험 삼아 ~ 하다, 맛을 보다, ~ 하려고하다. 다음은 동의어들입니다.

Experimentar	Intentar, Tratar	Comprobar	Saborear
시험 삼아 하다	시도하다, 애쓰다, 노력하다	확인, 증명하다	맛을 보다, 시식하다

Vestirse
옷을 입다.

¡Pruébalo!: 맛을 봐! 먹어 봐!

¿Se puede probar esta comida? 이 음식 맛을 봐도 되나요?

Prueba la sopa para saber cómo está de sal. 소금 간이 어떤지 스프의 맛을 봐.

※ ¿Puedo probarme esto? 이거 제가 입어볼 수 있나요?

APUNTES

Una buena caída y la moda

옷 맵시와 유행: 옷이 잘 어울리는지 물어보는 표현.

¿Qué talla tiene Ud? ¿Pequeño, mediano, Grande?	옷 치수가 어떻게 됩니까? 작은(Small), 중간(Medium), 큰(Large)치수
¿Qué número tiene (Ud.)?	신발 크기가 어떻게 됩니까?
¿Qué número calza?	신발 사이즈가 어떻게 됩니까?
¿Puedo probármelo?	옷을 입어볼 수 있을까요?
¿Dónde está el probador?	옷 갈아입는 곳이 어디에 있습니까?
¿Cómo te queda el abrigo?	코트는 어때, 잘 맞아?
¿Cómo te quedan las camisas?	셔츠가 잘 맞아? / 어울리는 것 같아?
Me queda(n) muy bien.	아주 잘 맞아 /잘 어울려.
Las gafas me quedan grande.	안경이 나한테 큰데
Es demasiado corto / largo.	매우 짧아 / 아주 길어
Es un poco grande / pequeño.	조금 커 / 작어
Me queda apretado / suelto / flojo	너무 조이는데 / 헐렁해 / 느슨해
Estos pantalones me quedan estrechos.	이 바지는 내게 너무 꽉 끼어(좁아).
¿Está muy de moda esta chaqjeta?	이 겉옷이 아주 유행인가요?

☞ 옷이 '잘 어울린다'는 표현은 Quedar / Sentar / Caer 동사를 쓸 수 있습니다. 이 경우 동사들은 모두 역구조 형태를 취하기 때문에 목적어에 따라 동사변화형이 달라집니다.

✔ 물건 구입 후 계산 방법에 대한 표현들

En efectivo / Al contado	Cheques de viaje(viajero)	Tarjeta de crédito
현찰	여행자 수표	신용카드

Tarjeta de crédito → A plazos, En plazos 할부, 분할로

Pagarlo todo 일시불 / Pagar a plazos 할부

↪ ¿Puedo pagarlo en efectivo? 현금으로 지불해도 될까요?

¿Puedo pagarlo a(en) plazos de 3 meses? 3개월 할부로 계산할 수 있을까요?

※ Haga el favor.. / Me hace el favor.. : '... 부탁 좀 드릴 수 있을까요?'란 표현으로 접속법 형태와 직설법 형태를 둘 다 쓸 수 있습니다. 큰 실례나 힘든 부탁을 드리는 경우는 gran을 넣어줍니다. Hagame un (gran) favor... / Me hace el (gran) favor...

TUTORING

Ir de Vs Estar de

Ir de compra: '쇼핑을 하러가다'란 표현입니다.
쇼핑 중이다, 또는 쇼핑을 하고 있는 상태를 표현하는 경우는 Estar동사를 사용합니다.
Vacaciones, Viaje, Excursión도 Compra처럼 Ir와 Estar 동사를 써서 표현할 수 있습니다.

Quiero ir de compra.	쇼핑을 가고 싶다.	Estamos de compra.	쇼핑을 하고 있다.
Ir de vacaciones	휴가를 가다	Estar de vacaciones	휴가 중입니다.
Ir de viaje	여행을 가다	Estar de viaje	여행 중입니다.
Ir de excursión	투어를 가다	Estar de excursión	관광투어 중입니다.

↪ excursión 단기여행 상품, 투어, 소풍

Caer Vs Quedar

Caer 동사의 쓰임새

1) 넘어지다, 쓰러지다, 떨어지다.	Perder el equilibrio
La fruta madura cae de los árboles.	익은 과일이 나무에서 떨어진다.
2) 옷이 적합하다. 잘 어울리다	Caer bien / mal + ropa, vestido
Ese traje te cae muy bien.	그 옷은 네게 잘 어울려.
3) 입에 맞는, 적합한	Caer + 음식
Me caen bien las carnes rojas. No me cae bien la cebolla.	나는 붉은 고기가 입에 맞아(좋아) 나는 양파가 안 맞아.
4) 인상이 좋은, 마음에 드는	Caer bien(mal) + 사람
¿Te cae bien tu compañera? Me cae bien ella.	동료가 마음에 들어? 나는 그녀가 마음에 들어

5) 마침내 이해하다	Llegar a entender(comprender)
¡Ya caigo!	아, 드디어 알았다!
6) ~ 특정 날에 해당하다	~ 요일
Qué te parece 25? ¿En qué cae? Es miércoles.	25일은 어때? 무슨 요일인데? 수요일이야.

Quedar 동사의 사용법

1) ~한 상태가 되다, ~ 한 상태로 남다.	Quedarse + adjetivo(ciego, sordo, calvo...)
Ella se quedó muda de la sorpresa. Pepe se qudará calvo muy pronto. La casa quedó vacía.	그녀는 놀라서 말문이 막혀버렸다. 페페는 곧 대머리가 될 것이다. 집이 텅 비어버렸다.
2) (물건, 돈) 남다, 일부분을 제하다, 빼다	Restar parte de una cosa
Me quedan solo tres euros. Me quedan solo dos días de vacaciones.	단지 3유로 남았다. 휴가가 겨우 이틀 남았다.
3) 머물다, 체류하다	Permanecer en un sitio(lugar)
¿Cuánto tiempo se ha quedado en Cali? ¿Queda alguién adentro?	깔리에 얼마나 머물렀습니까? 안에 누가 남아있습니까?
4) (사람/물건) 마음에 드는, 인상이 좋은 옷의 치수나 크기가 ~ 어울리다	Producir una impresión buena o mala. Quedar(Sentar) bien/mal + Ropa
La chaqueta te queda bien. Este vestido me queda grande. Ese cuadro no queda bien en ese sitio.	겉옷이 네게 잘 어울려. 이 옷이 내겐 커. 이 그림은 그곳에 잘 맞지 않는다.
5) 약속을 정하다, 만나다	Citarse / Encontrar
¿A qué hora quedamos(encontramos)? Quedamos a las tres. ¿En dónde quedamos?	몇 시에 약속을 정할까(만날까)? 세 시에 보자. 어디에서 볼까?

눈공 시간

쇼핑몰의 사진들입니다.

쇼핑센터와 비즈니스 센터

Centro comercial: 쇼핑센터 Empresarial: 기업의, 경영의. 회사의 복합 쇼핑센터 '연병장': 여가 (Ocio)를 즐길 수 있고 쇼핑을 할 수 있는 복합 쇼핑센터(Centro comercial)입니다. 보통 영화관과 음식점 그리고 쇼핑센터가 함께 있는 곳을 말합니다. 스페인 세비야에 있는 복합 쇼핑센터로 옛 요새 터에 지었기 때문에 요충지, 연병장이라는(Plaza de Armas)이라는 재미있는 이름을 붙였습니다.

산 미겔 시장(Mercado de San Miguel): 우리나라의 남대문, 동대문 시장과 견줄 수 있는 마드리드의 산미겔 시장과 바르셀로나의 보케리아 시장입니다. Mercado 시장, 마켓

Tacones / Artesanía Toledana : 신발 가게와 기념품 가게
Tacón: 굽, 높은 굽, 뒤축. Zapato: 구두, 단화 Bolso: 핸드백, 손가방

Artesanía Toledana: 톨레도 기념품 가게. 똘레도(Toledo)의 특산품을 파는 수공예 기념품 점입니다. Artesanía는 수공예 제품을 파는 가게를 뜻하지만 일반적으로 지역 특산품이나 기념품을 파는 곳을 말합니다.

슈퍼마켓 표지와 안내소. Supermercado: 슈퍼마켓 Información: 안내소
피혁, 가죽 제품 및 가방 가게. Bolso: 핸드백, 손가방 Piel: 가죽, 피부

Ahora + Descuento: '드디어 가격 할인'이란 문구입니다.

Descuento: 할인 특별가, 바겐세일. Todo por Mujer 50% ~ 70% ; 여성 고객을 위해 모두 50% ~ 70% 할인. Nueva Venta Especial: 새로운 특별 판매가 적용.
Ofertas Especiales: 특별 할인가. Ofertar: 제안하다, 염가 제공하다, 바겐세일 하다

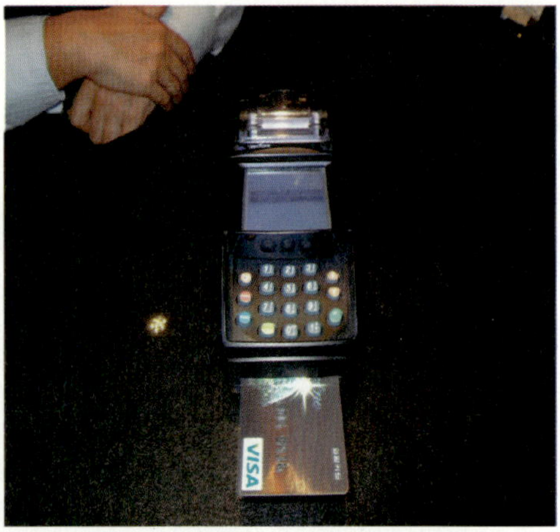

Rebajas / Liquidación; 세일, 점포 정리, 재고 정리
Rebajas: 세일 Liquidación: 청산, 파산, 재고 정리, 점포정리, 왕창세일.

카드 결제기: 스페인에서 물건을 사거나 음식을 먹은 후에 카드로 결제를 하는 모습입니다. 미국이나 우리나라에서는 카드를 제출한 후에 서명을 하고 영수증을 받으면 되지만 스페인에서는 서명 대신 비밀번호 (Número secreto, Clave o Código)를 누르고 결제를 하는 곳이 많습니다. 사진에서처럼 카드를 결제기에 넣고 이렇게 손님에게 돌려주면 본인이 직접 카드 비밀번호를 누릅니다. 비밀번호를 누르고 나서 결제가 된 후에 직원이 건네주는 영수증을 받으면 됩니다.

열, 열하나, 열둘, 열셋 날: 바르셀로나(Barcelona)

그라나다에서 바르셀로나까지는 항공편을 이용했습니다. 차로 8시간 이상 걸리는데다가 야간열차 이용도 피곤할 것 같아 최대한 이동 시간을 줄인다는 의미에서 항공편을 이용 했습니다. 항공편을 이용하면 2시간이면 충분합니다. 부엘링(Buelling) 같은 저가항공편들은 좌석지정이나 수하물에 따라 추가요금이 발생합니다. 부엘링 항공 7월 성수기 가격으로 1인당 72유로 들었습니다. 숙소는 교통 요지이자 구시가지의 한가운데에 있는 '까딸루냐 광장(Plaza de Cataluya)' 근처에 있는 람블라스(Ramblas) 거리 큰길 바로 안쪽으로 정했습니다. 공항 리무진 버스를 타는 곳이 까딸루냐 광장에 있는 '꼬르떼 잉글레스(El Corte Inglés)' 백화점 앞과 '에스빠냐 광장(La plaza de Espanya)' 두 군데인데 가우디 건축물들의 위치와 바르셀로나의 명동이라는 람블라스 거리를 감안해 까딸루냐 광장 쪽으로 선택했습니다. 공항에서 호텔까지는 택시를 이용했고 호텔에서 공항까지는 공항 리무진 버스를 이용했습니다. 택시비는 짐 두 개 포함 30유로 정도였고 공항 리무진 버스 이용료는 편도 5.65유로 왕복 9.75유로입니다. 공항버스는 아침 5시 50분부터 10분 간격으로 운행합니다. 버스를 타는 곳에 티켓 자판기가 있고 미처 버스표를 구하지 못했다면 버스를 타면서 직접 계산하셔도 됩니다. 공항까지 걸리는 시간은 넉넉하게 40분 내외로 생각하면 됩니다. 바르셀로나는 3박 4일 여정이었습니다.

바르셀로나의 공항버스와 시티투어 관광버스 정류장

도시 내의 주요 이동 수단으로는 시티투어 관광버스와 지하철을 이용했습니다. 시티투어 버스는 빨강, 파랑, 녹색의 3개 노선이 있습니다. 시티투어 관광버스는 주요 관광 지점들을 같은 방향으로 계속해서 돌면서 순환 운행을 합니다. 티켓 하나로 3개 노선을 다 이용할 수 있고 환승 지점을 통해 다른 노선으로 갈아타면 원하는 곳으로 어디든지 갈 수 있습니다. 2층 버스라 시내 구경도 용이하고 이어폰을 통해 관광 명소에 대한 설명도 들을 수 있어서 마치 여행 가이드의 안내를 받으며 돌아다니는 느낌입니다.

대도시인 바르셀로나는 걸어서 관광이 불가능합니다. 배낭 여행객과 학생들의 주요 이동수단은 지하철입니다. 아직 튼튼한 두 다리를 믿고 걸어 다니겠다는 청춘들은 버스나 지하철 그리고 도시전철까지 연계 이용이 가능한 지하철 10회 이용권인 T-10을 사서 이용하면 좋습니다. T-10은 9.25유로입니다. 지하철 편도 1회권이 2유로이니 10번 이용할 수 있는 T-10이 훨씬 경제적입니다.

한 장을 사서 둘이 같이 써도 상관없습니다. 하지만 비용을 좀 더 지불하더라도 시티투어 관광버스 이용을 추천합니다. 2일 사용권을 23유로에 살 수 있고 무제한으로 이용이 가능합니다. 주요 관광지점 바로 앞에 내려주기 때문에 시간도 절약하고 체력도 비축할 수 있습니다. 무엇보다도 안전합니다. 바르셀로나의 악명 높은 소매치기 걱정을 할 필요가 없기 때문입니다.

시티투어 관광버스, Barcelona

바르셀로나의 주요 관광지

1. 고딕 지구(Barrio Gótico)와 람블라스(Ramblas) 거리

바르셀로나는 스페인 제1의 항구도시로 2,000년의 역사를 가진 까딸루냐 지방의 중심지입니다. 역사와 전통 그리고 현대적인 모습이 어울려 있는 바르셀로나는 스페인어와 함께 까딸루냐어를 공용어로 사용합니다. 전통을 고수하는 까딸루냐 지역의 중심지이기 때문에 카탈루냐어를 먼저 표기하고 다음으로 스페인어를 표기하는 경우가 많습니다. 바르셀로나는 중세의 모습을 보존하고 있는 구시가지와 현대적인 빌딩이 늘어선 신시가지로 나눌 수 있습니다. 대부분의 관광명소들은 고딕지구라고 불리는 구시가지에 몰려 있습니다. '뿌에르따 데 라 빠스(Puerta de la Paz)' 광장에서 까딸루냐 광장까지 이어지는 구시가지에는 대사원을 중심으로 많은 고딕 건축물들이 있습니다. 특히 젊은이들이 많이 모이는 쇼핑 번화가인 람블라스 거리는 가난한 예술가 들이 많이 모이기 때문에 스페인의 몽마르트 언덕으로 불리기도 합니다.

까딸루냐 광장은 바르셀로나의 교통 요충지이자 시내 관광의 기점이 되는 곳입니다. 광장 아래쪽을 기점으로 바르셀로나를 대표하는 거리인 람블라스 거리가 시작됩니다. 람블라스는 북쪽의 까딸루냐 광장에서 남쪽 항구와 가까운 파우 광장까지의 약 1km 거리를 말합니다. 거리 주변으로 다양한 물품을 취급하는 여러 가게들과 멋진 카페들도 많아 저녁이나 주말이 되면 많은 사람들로 붐빕니다. 까딸루냐 광장에서 람블라스 거리로 내려오다 보면 오른쪽으로 '보께리아'(Boquería)시장이 있습니다. 보께리아에는 싱싱한 과일과 주스, 사탕, 하몬 등 다양한 먹을거리가 많습니다. 고딕 지구에서 람블라스 거리를 따라 계속 남쪽으로 내려오면 바다가 보이는 지점에 위치한 기념탑이 바로 콜럼버스 기념탑(Monumento a Cristóbal Colon)입니다. 신대륙을 발견한 콜럼버스의 동상이 멀리 바다를 바라보며 서있는 모습이 무척 인상적입니다. 탑 위의 전망대까지 엘리베이터가 운행됩니다. 탑 꼭대기에 오르면 바르셀로나 항구과 람블라스 거리를 한눈에 내려다 볼 수 있습니다. 씨티투어 관광버스를 이용하면 바르셀로나 전 지역을 편안하게 구경할 수 있지만 람블라스 거리와 콜럼버스 기념탑을 가기위해 지하철을 이용하는 분들은 지하철 3호선의 Catalunya 역, Liceu 역, Drassanes 역에서 내려 도보로 이동하면 됩니다.

2. 성가족 성당(Sagrada Familia)과 구엘 공원(El parque Güel), 까사 밀라(Casa Mila), 까사 바띠요(Casa Batilló). 카딸루냐 음악당(Palau de la Música Catalana)

바르셀로나를 방문하는 관광객이나 여행객들이면 누구나 다 공감하는 말이 있습니다. '바르셀로나는 한사람이 다 먹여 살린다'라는 말입니다. 스페인이 낳은 천재 건축가 안토니오 가우디(Antonio Gaudi)를 지칭하는 말입니다. 바르셀로나 관광에서 첫손으로 꼽히는 곳이 바로 그가 건축한 성가족 성당입니다. 세기를 건너 뛴, 가우디의 미완성 역작인 성가족 성당은 가우디 건축의 백미로 꼽힙니다. 1882년 건립되기 시작하여 두 세기를 건너 뛴 지금까지도 여전히 공사가 진행 중이고 너비 150m 높이 170m에 이르는 중앙 첨탑이 그 위용을 자랑합니다. 그리스도의 탄생과 수난, 영광을 주제로 한 조각과 믿음, 소망, 사랑을 주제로 한 파사드(정면의 주출입구 장식), 열두제자를 상징하는 첨탑 그리고 예수 그리스도를 상징하는 중앙탑 등으로 구성되어 있으며 이 중 가우디가 완성한 것은 '그리스도의 탄생' 장식과 지하 성당입니다. 성당 옆의 박물관에는 건축물의 설계도와 모형, 다양한 자료 등이 전시되어 있어 성가족 성당에 얽힌 역사를 한눈에 보게 해 줍니다.

건축 중인 가우디 성당

지금도 계속 짓고 있는 이 미완성 건축물은 순수 후원금으로만 짓고 있기 때문에 언제 완공이 될지 모른다고 합니다. 성가족 성당은 건물에 쓴 성서라는 말 그대로 예수 탄생부터 죽음에 이르기까지 그의 일대기가 성당의 외곽 벽면에 여러 형태로 조각되어 있습니다. 하늘을 찌를 것 같은 첨탑의 내부는 고전과 현대가 어우러지는 여러 형상물과 아름다운 스테인 글라스로 채워져 있어 저절로 감탄이 나오게 합니다. 바르셀로나를 방문하는 사람들이 이곳으로 가장 먼저 달려가는 이유입니다. 가우디의 건축에는 이슬람교 문화와 그리스도교 문화가 혼합되어 있는 바데하르 양식과 프랑스에서 유입된 아르누보 양식이 도입되어 매우 특이한 형태를 띠고 있는 것이 특징입니다. 안토니오 가우디가 만든 작품들은 이 곳 외에도 구엘 공원, 까사 밀라, 까사 바띠요 등이 있습니다. 전부 다 유명한 관광 명소이고 항상 사람들로 붐비는 곳이기 때문에 미리 예매를 하거나 아침 일찍부터 서두르는 것이 좋습니다. 구엘 공원은 무료지만 다른 곳은 입장료가 있습니다.

까사 바띠요와 성가족 성당 입장권

성가족 성당을 비롯한 가우디의 건축물들은 씨티투어 관광버스 파란 노선을 이용하면 편리하게 방문을 할 수 있습니다. 구엘 공원은 타일로 물결치는 외벽 분수와 도마뱀 모양의 조각 그리고 기교하게 쌓은 돌기둥들이 서로 어울려 있는 도심 속의 휴식공간입니다. 구엘 공원은 예술성이 가득한 놀이동산 같아서 '가우디 동산'이라고도 힙니다. 구엘 공원은 정류장에서 내려 가파른 언덕 위로 걸어 올라가야 하기 때문에 한 낮에 움직이는 것은 피하는 곳이 좋고 사람들이 워낙 많은 곳이라 소매치기를 조심해야 합니다. 한국인 배낭 여행객들이 카메라와 지갑 등을 가장 많이 잃어버리는 곳이 지하철과 바로 이 구엘 공원입니다. 바르셀로나는 사람이 많은 곳에는 항상 소매치기가 있다고 생각하고 스스로 조심하는 것이 좋습니다. '성가족 성당'은 항상 사람들이 많기 때문에 예매가 필수입니다. 그렇지 않으면 아침부터 길을 줄게 서야하는데 따로 그늘진 곳이 없어 뙤약볕에 애를 먹을 수밖에 없습니다. 반듯이 예매를 하고 성당 옆에 있는 가이사(Caixa) 은행 발권기에서 표를 받아 지정한 시간에 가신다면 기다릴 필요 없이 바로 입장이 가능합니다. 발권기에서 입장권을 출력할 때는 알함브라 궁전 입장권 출력과 마찬가지로 예해할 때 구입한 신용카드가 필요합니다. 만일 은행밖에 있는 발권기가 작동을 하지 않거나 문제가 생겼을 때는 예매 확인증을 보여주면 입장이 가능합니다. 만일을 대비해 예매 확인증은 프린터로 출력해 꼭 가져가시기 바랍니다.

가우디의 건축물들은 가우디 작품 투어를 따로 테마여행으로 기획할 만큼 바르셀로나 관광에서 중요한 비중을 차지합니다. 까사 밀라는 파도가 일렁이는 듯한 건물 외벽이 인상적입니다. 가우디의 트레이드마크인 타일과 유리 파편들로 꾸며진 외벽과 가우디의 건축 미학이 잘 드러나는 독특한 내부구조를 가졌습니다. 시티투어 관광버스가 아니라 지하철을 이용한다면 지하철 3·5호선을 타고 디아고날(Diagonal)역에서 내리면 됩니다. 까사 밀라에서 까사 바뜨요를 찾아가는 길에 있는 카딸루냐 음악당도 놓쳐서는 안됩니다. 세계 문화유산으로 지정된 까딸루냐 음악당은 그리스 신전을 연상하게 하는 외부 장식이 특징입니다. 가우디와 함께 스페인 건축계의 양대 산맥을 이루는 몬타네르의 작품으로 유네스코 세계 문화유산답게 화려한 아름다움을 자랑합니다. 직접 이곳을 방문하려면 지하철 1·4호선을 타고 우르끼나오나(Urquinaona)역에서 내려 걸어가면 됩니다.

3. 스페인/에스빠냐 광장(La plaza de Espanya)과 몬주인 공원의 분수 쇼, 몬세라떼 수도원.

바르셀로나 서쪽에 자리 잡은 언덕 정상에는 몬주익 성이 있습니다. 몬주익 언덕은 1992년 바르셀로나 올림픽에서 황영조 선수가 마라톤 금메달을 딴 곳이기도 합니다. 지하철을 이용하면 역에서 내려 많이 걸어야하기 때문에 버스를 이용하는 것이 좋습니다. 지하철 1·3호선을 타고 스페인/에쓰빠냐 역에서 내리면 10분 이상을 걸어야하니 스페인/에스빠냐 광장에서 50번 버스를 이용하는 것이 좋습니다. 가장 편안한 방법은 시티투어 관광버스입니다. 빨간 노선을 타면 바로 앞에서 내릴 수 있습니다.

시티투어 관광버스 빨간색 노선은 산스 역을 거쳐 바닷가 항구 쪽을 한 바퀴 도는 노

까딸루냐 음악당

선입니다. 산스 역은 바르셀로나로 향하는 모든 배낭 여행객들이 한번쯤 들리는 곳입니다. 야간 철도를 이용해 한잠 자고 일어나서 바르셀로나에 첫발을 내딛는 곳이기 때문입니다. 바르셀로나 도시 관광은 시티투어 관광버스 파란색과 빨강색 노선을 이용하면 매우 편리합니다. 참고로 일정이 빡빡한 경우에는 몬주익 언덕과 몬주익 성, 올림픽경기장 그리고 스페인 마을 등은 생략 하는 게 좋습니다. 몬주익을 갔다 오신 분들이 대부분 추천하지 않는 경우가 많기 때문입니다. 에스빠냐 광장에서 볼 수 있는, 저녁 9시부터 2시간 동안(목요일~일요일) 진행되는 몬주익 분수 쇼(Magic Fountain)도 바르셀로나의 주요 관광 포인트 중 하나입니다. 하지만 요즘은 조명에 따라 물줄기가 춤을 추는 분수 쇼가 보편화되는 바람에 몇 시간씩 기다리면서 볼 필요는 없다고 생각합니다. 힘들게 기다려서 분수 쇼를 보느니 차라리 저녁 시간에는 거리의 예술가들도 구경을 하고 맛있는 음식점도 찾아볼 겸 람블라스 거리를 돌아다닌 것이 더 낫다고 하는 분들도 많습니다. 그래도 바르셀로나에 왔으니 보고 싶다는 분들은 에스빠냐 광장에 있는 '아레나(Arena)' 쇼핑몰을 이용하면 편하게 볼 수 있습니다. 아레나 쇼핑몰은 투우장으로 사용했던 곳을 개조한 곳인데 쇼핑몰 옥상에 가면 몬주익 분수쇼를 편하게 볼 수 있습니다. 유료 엘리베이터를 이용해 옥상으로 직접 갈 수도 있지만 쇼핑몰 내부를 구경하면서 에스컬레이터를 타면 공짜입니다. 분수 쇼를 볼 수 있는 에스빠냐 광장과 람블라스 거리와 연결되는 까탈루냐 광장 지하철은 모두 환승역이고 서로 멀지 않습니다. 지하철로 대여섯 정거장이면 까딸루냐 광장 지하철에 도착합니다. 람블라스 거리는 시내 한복판이기 때문에 한밤중에는 돌아다니지 않는 것이 좋습니다. 해가지면 큰길가로만 다니고 주변 샛길은 우범지대라고 생각하면 됩니다. 트램과 산악 열차를 타고 가야하는 '몬세라떼(Monserate)' 수도원은 바르셀로나 근교에 위치합니다. 몬세라떼는 바르셀로나에서 남쪽으로 약 한 시간 거리에 있는 바위산으로 산중턱에 성당과 수도원이 있는 곳입니다. 소원을 빌면 이루어진다는 검은 성모 마리아상과 유럽 3대 성가대로 평가되는 소년 성가대 등이 유명하지만 이곳을 방문하려면 따로 하루를 투자해야 합니다. 먹을거리는 다 틀리겠지만 람블라스 거리에서 해결하는 경우가 많습니다. 바르셀로나의 명동 같은 곳이고 일단 우리에게 친숙한 패스트 후느섬이 많고 해산물 빠에야(Paella)를 파는 식당들이 밀집해있기 때문입니다. 쇼핑이나 길거리 구경을 하다가 식당에 들리면 빠에야와 더불어 스페인의 대표적인 음료라고 불리는 '상그리아(Sangria)'를 주는데 술을 못하는 분들은 조심해야 합니다. 상그리아는 더운날씨에 스페인 사람들이 마시는 대표적인 음료입니다. 아주 약한 과일주나 샴페인이라고 생각하면 됩니다. 맥주 좋아하는 분들은 그냥 물처럼 시원하게 시원하게 마십니다. 달싹 지근 한게 맛이 참 좋지만 김이 빠졌다고 해도 샴페인도 술입니다. 상그리아에는 알콜이 있어 많이 먹으면 취합니다. 여행경비 예산을 위해 각 방문지의 입장권 요금과 교통비를 참고로 적어둡니다.

성가족 성당: 13유로 (국제 학생증 소지자는 11유로)
까사 바뜨요: 18유로, 카탈루냐 미술관: 10유로(학생 7유로),
스페인 마을: 9.5유로 (8시 이후 야간 할인-학생 6.6유로 / 야간 5.5유로)
피카소미술관: 11유로
몬세라떼 열차, 트램 통합 연결교통권: 24.25유로
바르셀로나 지하철, 버스, 트램이용 10회 연계교통권(T-10): 9.25유로
바르셀로나 지하철 1회권: 2유로

바르셀로나 도시열차, 트램

상그리아(Sangria)와
안주 Tapas

산스역(Sants),
Barcelona

성가족 성당(Sagrada Familia)

성가족 성당의 외벽

성당 내부의 스테인 글라스

성가족 성당의 내부
천장 모습

구엘 공원

까사 바띠요
(Casa Batilló)

FC 바르셀로나 축구 전용 구장

구엘 공원의
타일 조각물

람블라스 거리

람블라스 거리의 가로등

아레나 쇼핑몰에서 바라본 분수 쇼

스페인(에스빠냐) 광장

참고문헌

¡Buen viaje! Glencoe Spanish 1. Texas Edition. McGraw-Hill, Glencoe. Ohio(USA). 2005.

¡Buen viaje! Glencoe Spanish 3. Texas Edition. Glencoe/ McGraw-Hill. Ohio(USA). 2005.

De Viaje, Glencoe Spanish 3. Glencoe/ McGraw-Hill. Ohio(USA). 1997.

¡Exprésate! holt spanish 1. Holt, Rinehart and Winston. Austin, Texas. 2006.

Contigo (Essentials of Spanish, Third Edition). Harcourt Brace College Publishers. Philadelphia. 1995.

¡Claro que sí! Houghton Mifflin Company. Boston, 1996.

Dos Mundos. McGraw-Hill College. USA(Boston). 1997.

¡Dime! Uno. D.C. Heath and Company, Lexington, Massachusetts, 1993.

¡Dímelo tú! Holt, Rinehart and winston. USA. 1989.

Esto funciona A. Edelsa. Madrid. 1989.

Esto funciona B. Edelsa. Madrid. 1989.

¡En español! McDougal Littell. Dallas. USA. 2005.

Fácil. Guía de conversación Inglés. Larousse. México. 2003.

¿Halba español? Essentials. Holt, Rinehart and winston. USA. 1986.

La lengua que heredamos: Curso de español para bilingües. John Wiley & Song, Inc. New York. 1986.

Learn Spanish, The Fast and Fun Way. Gene Hammitt. Barrons. New York. 1985.

Mosaicos, Spanish as a World Language. Prentice Hall. New Jersey. 2002.

Mucho Gusto. EMC Publishing, Sanit Paul, Minnesota. USA. 1988.

Mundo 21. D.C. Heath and Company. Lexington, Massachusetts. 1995.

Para Empezar A. Edelsa. Madrid. 1989.

Para Empezar B. Edelsa. Madrid. 1989.

Pasos y Puentes. Scott, Foresman and Company. Glenview, Illinois. 1989.

Puntos de Partida. McGraw-Hill College. USA(Boston). 1996.

Tu mundo; Primer curso para hispanohablantes. D.C. Heath and Company. USA. 1997.

¿Qué tal? An Introductory Course. McGraw-Hill College. Boston(USA). 1997.

¡Qué gusto! EMC Publishing, Sanit Paul, Minnesota. 1988.

¿Sabías que...? Beginning Spanish. McGraw-Hill Higher Education. USA(Boston). 2000.

Situaciones, Intermadiate Spanish. D.C. Heath and Company, Massachusetts. 1988.

Spanish, Step by Step. Charles Berrlitz. Wynwood. USA. 1979.

Trato Hecho (Spanish for Real Life, Second Edition). Prentice Hall. New Jersey. 1999.

Ven conmigo. Holt Spanish Level 3. Holt, Rinehart and Winston. Austin, Texas. 1999.

Viaje al Español 1/2/3. Version Internacional. Santillana. Madrid, España. 1993.

¡Ya Verás! (Primer Level). Heinle & Heinle Publishers. 1997.

이상원

고려대학교 서어서문학과 졸업
콜롬비아 하베리아나 대학(Pontificia Universidad Javeriana) 문학박사
스페인 마드리드 국립대(Universidad Complutense de Madrid)에서 Post-Doc
현재 배재대학교 스페인어 중남미학과 교수

저서
<스페인어 문화>
<라틴아메리카의 문화 속으로: 현대 중남미의 이해>
<스페인어 회화>

번역서
<마리아>, <무한지대> 등이 있음.

단기 연수와 배낭여행을 위한
튜터링 **관광** 생활
스페인어 회화

초판 1쇄 발행 _ 2013년 3월 5일

저　　자 • 이 상 원
발 행 인 • 정 현 걸
발　　행 • 신 아 사
인　　쇄 • 성실인쇄
출판등록 • 1956년 1월 5일 (제9-52호)
주　　소 • 서울특별시 은평구 녹번동 28-36번지 2F
전　　화 • 02)382-6411 · 팩스 02)382-6401
홈페이지 • www.shinasa.co.kr
E-MAIL • shinasa@chol.com

ISBN 978-89-8396-813-5(93770)

정가 15,000원